カイロス NEXT STEP SERIES Step5

キリストのからだを理解する

～地域教会と宣教団体～

神は、いっさいのものを
キリストの足の下に従わせ、
いっさいのものの上に立つかしらであるキリストを、
教会にお与えになりました。
教会はキリストのからだであり、
いっさいのものをいっさいのものによって
満たす方の満ちておられるところです。

エペソ人への手紙　1章22～23節

カイロス NEXT STEP SERIES

Step5 キリストのからだを理解する～地域教会と宣教団体～

CONTENTS

カイロス
NEXT STEP SERIES Step5
キリストのからだを理解する

●地域教会レポート
「教会形成の霊的側面」①

祈りによってなされる教会の刷新

■ロバート・ケイラー
有明バイブルチャーチ牧師（熊本県荒尾市）

先生の教会で祈りというものをどのようにとらえていらっしゃるのか、ということをまずお聞きしたいのですが。

ロバート・ケイラー師：教会の霊的生活の中での祈りの重要性は、どの牧師先生も認めると思います。祈りは重要ではないと言う牧師先生は、まずいないはずです。しかし、実際に教会の中で祈りに用いる時間、また、祈りのための集会、集まりというのをどれだけ持っているかということを、時間で計ると今の多くの教会ではあまり重視していないように見えるんじゃないかと思います。私たちも祈りについて、まだまだ学ぶべきところがあると思いますが、ここ一年半か二年ほどぐらいでしょうか、神様が祈りの実践ということを通して、私個人の中、教会の中にも導きを与えてくださっていると思います。

祈りのための集会、祈祷会はよくありますが、あまり祈りがされていませんよね。聖書についてだとか、祈りについての話はあっても、実際祈る時間というのは非常に短いんです。私たちは祈祷会は祈る時だということで、実際に祈る時間を重視してきました。その時から教会の雰囲気が本当に変わって、教会の中にいろんな素晴らしいことが次から次へと起こり始めました。

日曜日の礼拝では、どの教会でも最初に祈りの時を持ちますし、準備祈祷などを二十分、三十分持つ教会もありますよね。私たちの教会も祈っていなかったわけではないけど、あまり重視していなかった、徹底していなかったという面がありました。けれどもイエス様は教会について、「私の家は祈りの家である」と言われました。つまり、教会は祈るところである。ところが私たちの多くの集会は、祈り以外のことをたくさんしている。それは別に悪いことではなくて、良いこともたくさんあるんだけど、一番中心的なことをさて置いているんじゃないかなと思うんです。

そこで礼拝の中でも祈りを重視しましょ

有明バイブルチャーチ

うということで、祈りに時間をとるようになりました。集会の最初の十五分から、二十分、三十分になる時もありますけども、会衆全員が、課題をあげて一緒に祈ったり、お互いのために祈り合ったり、特別な祈りの必要があったらそのために祈ったり、そのような祈りの時を持って集会を始めるようになりました。すると、その祈りの時によって集会自体がグッと盛り上がるようになったんです。今までは賛美で集会を盛り上がらせようとしていたのですが、歌い出して何曲か歌っているうちに、やっと少し集会が動き出すという感じでした。でも祈りから賛美に入っていくと、その賛美の最初から火がついたような雰囲気になっていったんです。最低でも、集会の最初の二十分ぐらい時間をとって、もちろん集会の中においてもいろんな祈りの時を持ち、そしてメッセージが終わった最後の時に祈る。だから祈りに始まって祈りで終わらせるという集会になってきました。

そうすると、教会において祈りの時間をとるというのは、牧師先生が祈るというよりも、むしろ信徒の方たちがその時間の中で祈っていくということでしょうか。

ケイラー師：その時によって違います。集会の最初の祈りは、牧師や長老など祈りの油注ぎがある方が祈りを指導します。そのリードによって、みんなも一緒に祈る。ただ一人が代表して祈っているというのではなくて、会衆が一丸となって祈っているわけです。また、お互いのために祈ったり、三、四人で祈ったり、その時その時で形は違います。

信徒の方々が具体的に祈る方法を学ぶためのプログラムはあるのでしょうか。

ケイラー師：最近までは、指導者の人々が模範をまず示して、それを見てついてくるというようなことしかやっていなかったのですが、今は、教会の祈祷会の中で少しずつ時間をとって、祈りについての学びをもう一度始めています。

ただ美辞麗句を並べるだけの祈りではなくて、働く祈り、すなわち聞かれる祈りということに関心を置いて、どうしたら教会として、また個人としての祈りを本当に働く祈りにすることができるかということを、御言葉の中から学び始めています。

私自身にとって、目が開かれチャレンジを与えられた、いくつかの本があるんですね。シンディー・ジェイコブズ師の『神の声』とか、ピーター・ワグナー博士の『祈りと教会成長』（いずれもマルコーシュ・パブリケーション）、それからダッチ・シーツ師の『とりなしの祈り』（リーガル・ブックス、本邦未訳）などです。祈ることの大切さ、またどういう祈りが効果的な祈りかということを教会のみなさんにアピールして、特に日本語になっている本は、大いに薦めて読んでもらい、少しずつ祈祷会の中で教え始めています。でも教えるだけではなく、できるだけ実践するという祈祷会をやっています。

先生の教会が歩んで来られた中で、祈りによって具体的な困難にどのように勝利してきたか、ということをお話しいただけますか。

ケイラー師：父が最初に日本に来た当時からほぼ五十年になろうとしていますが、父も最初の頃から祈りの重要性というものを強調してきました。どの牧師先生にもミニストリーの中で行き詰まりを感じる時があると思いますが、そういう時、「主よ、どうしたらいいかわかりません」という祈りに専念するうちに神様が道を切り開いてくださる、ということが何回もありました。私も、この教会の協力牧師として九年間、父と一緒にやってきましたが、そのように祈りによって問題が解決していくということを何回も見てきています。また、教会の指導的立場にある人々、つまり牧師、長老、執事のレベルでもよく祈ったりします。

私たちが有明バイブルチャーチとして歩み始めたのは一九八七年ですが、最初の六、七年の間、少しずつ人が救われるということはあっても、大きくもならない小さくもならないという、ほぼ頭打ちの状態がずっと続いていました。その当時は一文無しというか会堂も何もない状態だったので、六年間、公共の会場、市民会館、文化会館、労働会館などを毎週借りて集会を持っていました。毎週の集会が違う会場だったので、それも成長しなかった一つの理由かもしれません。なかなか、ここという場所がなくて、新しい人が教会に来たいと思っても難しい環境でした。もちろんクリスチャンの人が連れて来たら来ることができますけど、それ以前に、クリスチャンたち自身にいやしと回復が必要であったと思います。教会員もみな、忠実に来ておられたのですが、教会全体に活気がないというか、目標もないという状態で、私自身、どうしたらこの状態から脱却できるかということを祈っていました。また、その当時は父のレオ・ケイラー師が主任牧師だったんですが、父と一緒に「この状態では良くない、何か起こらないと先が見えない」と話していました。そのような状態の中で、「じゃあ、祈り始めようじゃないか」と、まずは牧師たちで毎週水曜日の朝二時間ぐらい祈り始めました。何をどういうふうに祈るべきか分からなかったのですが、ただ集まって、ただ祈り始めたのです。それを始めて数ヶ月のうちに、教会の雰囲気がだんだん変わり始めました。

ロバート・ケイラー師夫妻

ちょうど今から二年ほど前の七月に、一つの大きな転機が訪れました。一人のクリスチャンの婦人が素晴らしく神様に触れられました。彼女は、「私はまた新生の体験をしたような気分です。もう一度水のバプテスマを受けたいほどです」と証しをされました。そして彼女は、教会の先生方や、兄弟姉妹たちの何人かの方々のところに行って和解をしました。その結果、他の兄弟姉妹たちの間にあった問題も次々と解決し、和解が起こっていきました。その時から、この人たちの中で祈りの重荷が与えられて、祈り手として育っている方が起こされています。また、信徒の中から、「もっと祈りの時を持ちましょう」という声があがって、平日の集会がない夜、八時から九時まで、自由に祈る時間を教会で持つようになりました。ある時は一人か二人、別の時には十数人集まりますが、人数にはこだわらずに祈りの時を持ち続けています。これに支えられて教会はさらに変えられていき、神様の素晴らしい働きが次々と見られるようになりました。

それと同じ頃から、新しい人が次から次へと導かれたり、救われたり、バプテスマを受けたりし始めました。その中には、「お不動さん」の祈祷師が劇的な救いの体験をされたこともありました。今までの伝道方法が変わったとかいうことはないんですが、祈りを始めてからは、今までと同じことをやっていても、次から次へと人が導かれてきたんですね。

また同じ頃から、祈祷会で主の祈りに基づいた祈りを始めました。「御国が来ますように」という原語は、実は命令形になっているそうですね。「御国よ、来たれ！御心よ、なれ！」というふうに、教会としての祈りの時にそのように祈り始め、またイザヤ書四三章六節の中にある「北よ、引き渡せ。南よ、引き止めるな」にならって、東西南北から魂を呼び集めるような祈りを始めた頃から、ただ本当に祈りの中で呼んでいると、人々が集まって来るというのを体験しています。最近も、すぐ近くの人を呼んでいるつもりで祈っていたら、二時間も離れているところから、「教会へ来てもいいですか」と言う方が現れたりしました。

その他に具体的に始めたのは、クリスチャンホームの親たちが、自分の子どもたちが教会に帰ってくるようにと祈ることです。私たちの教会はクリスチャンホームが多いんですけども、子どもや青年たちの多くは、教会に対して無関心だったんですね。それが、子どもや青年、そして家族のために祈り始めるようになると、彼らが教会に対して心開かれてきて、その祈りに応答し始めました。

もう一つ、ここ一年ぐらい集中して祈り始めたのは、一時は教会に来て、救われて、イエス様を知っていたけれども、何らかの理由で神様から離れている人が帰ってくるように、ということです。そのように祈っていくと、放蕩息子が帰ってくるように、一人だけではなく何人も帰ってきているという状況です。

このように、祈りによって道が開かれるという体験を、私たちは何度もさせていただきました。今年の六月に私が主任牧師となったわけですが、それも祈りの結果だったと言ってもいいと思います。形としては私が父から引き継いだという感じなんですけども、私にはそういう気持ちはなかったんです。私は誰が牧師になっても私はそこについていく、仕えていくという思いだったんですね。でも今のこの時、私がリーダーシップをとることに神様の導きがあるように感じて、私自身も確信を与えられましたし、会衆としても、また教会の指導者の方々としても、今のこの時のためにはこうすべきだということで、このようになったわけです。本当に祈りによって道が開かれ、祈りの中で私たちの心が結ばれるという体験でした。

教会をとりまく状況の中で、祈り始めてから変化したことなどはありますか。

ケイラー師：私たちが祈り始めてから起こったことの一つは、やはり一年くらい前からですが、第二金曜日の夜の八時から十二時くらいまで、半徹夜祈祷会を持つようになったことです。それもうちの教会だけではなくて、他の教会にも一緒に祈ろうじゃないかと呼びかけて祈り始めていくうちに、近くのいくつかの教会が加わってくださるようになりました。

他の教会が参加される前から「私たちの教会だけではなくて、近辺の教会を祝福してください」ということは、一つの祈りの課題として挙げ祈り始めていました。私たちのすぐ近辺には、いろいろな教派の教会が七つか八つぐらいありますけれども、それぞれの教会のために祈り始めたんです。そうしたらその中で、いくつかの教会が集まり、一緒に祈り始めるようになりました。その半徹夜の中でもただみながめいめい四時間も五時間も祈るのではなくて、一緒に同じ課題を祈るときもあれば、賛美したり、御言葉を分かち合ったりもします。特別な祈りの課題などがあれば集中して祈ります。

祈りの中で地域にある教会の間に一致が生まれてきたということですか。

ケイラー師：少しずつそれが生まれてくるのを見ています。近年は地域の教会がクリスマス集会を一緒にやることはなかったんですが、今年は市民クリスマスを地域の教会で一緒にやりましょうということになりました。それも、私たちは荒尾に住んでいて、隣は大牟田ですけど、ほかにも近辺の教会が一緒にやろうと言いだして、一緒に市民クリスマスをやります。何年かぶりに地域の教会が一つの行事をやるということです。それが私たちの祈りの結果だと主張することはできませんが、何故今になってそういうことが起きているのか、ということを私は考えさせられています。

これは最近初めて聞いたことですが、地域のバプテストの教会の先生と話をしていて、大牟田・荒尾地域の教会の歴史のことをお尋ねしたところ、終戦後から二十年前までは毎月第一水曜日の夜は合同祈祷会をしていたことがわかりました。私たちの地域でそういうことがあったと聞いて、私は驚くと同時に、これは回復しなければいけないと思いました。けれども、最近では、地域の牧師の中からも、牧師の祈り会を持ちたいという声も聞こえてくるようになりました。

これからの教会における祈りということについて、今どういう目標を持っておられますか。

ケイラー師：長い目では、私は二十四時間の祈りの場所を持つ、というのを実践していきたいんです。それが今すぐできるかというと、まだまだですが、願わくは二十四時間体制で祈りをしたいんです。最近、アメリカのカンザスシティーでインターナショナル・ハウス・オブ・プレイヤーというものをマイク・ビックル先生が始められましたが、私もそういうことに非常に関心があります。

近い将来では、霊的戦いについてもっと学びたいと思っています。霊的地図作りという面でも学ぶべきところがまだまだあると思います。今年の八月に全国で護国神社に関わるとりなしの祈りが行われました。私たちの教会の近くの山の上にも「皇紀二六〇〇年記念」の碑が建っているので、そういうところに実際に出ていって祈りました。これは全国的な祈りの運動に合わせてやったことですけど、実際にそれを行なったときに、私たちの教会の若者たちが「これはすごい！」とものすごく張り切って参加していたのを見て、そのうちにはチームを組んで、私たちの地域、また九州、そのうちに日本全体に対しても、そういう祈りのチームを派遣していくこともできるんじゃないかなと思いました。でもまだまだ始まったばかりですから、神様が道を開かれた時に少しずつやり始めているというところです。まずは私たち自身として、充実した祈りを実践したいということで、教会のメンバーを対象に祈りの学びをやっています。

また願わくは、金曜日の夜の半徹夜祈祷会が主体になるのかわかりませんが、地域の教会が何らかの形で一緒に集まって祈ることをしたいですね。

Robert Kaylor
1955年に神戸市でレオ・ケイラー宣教師の子として生まれ、九州で育つ。1977年にポートランド・バイブル・カレッジを卒業。1979年に妻のスーザンとともに宣教師として日本に戻る。有明バイブル・チャーチの協力牧師として、父レオ師とともに牧会に携わる。1999年、父の後任として、有明バイブル・チャーチの主任牧師に就任。

キリストのからだを理解する
カイロス NEXT STEP SERIES Step5

●地域教会レポート
「教会形成の霊的側面」②

祈りに応えてくださる神

■寺田文雄
日本アッセンブリーズ・オブ・ゴッド教団
南紀キリスト教会牧師(和歌山県東牟婁郡古座町)

まず、この地域の特徴と、教会の歩みについて、簡単にお話しください。

寺田文雄師：地域の特徴としては、典型的な過疎化・高齢化・少子化の進んだ田舎町です。産業としては小さな漁業と林業と、兼業農家が中心です。人口は古座町がだいたい六千人余り、古座川町が四千人余り、隣の串本町が一万六千人ぐらいです。私たちの教会は、その三つの地域を主なところとして、田辺市とか和歌山市とか大阪に小さなブランチのチャペルを持っています。

私の母教会の大阪中央福音教会の方と、その教会の礼拝に出ていました古座の出身の方に、この古座で伝道したいという重荷が与えられまして、一九七〇年代初頭に母教会の信徒の方が月に一回出張伝道に来るという形でスタートしました。一九七七年から、古座出身の妻がまだ独身時代に、大阪からの出張伝道を引き継ぐようになりました。私が一九八二年に神学校を卒業すると、結婚して夫婦で古座に出張伝道に来るようになりましたが、その翌年に、教団の伝道所として正式に発足することになりました。

最初は母教会の開拓で始まりましたので、母教会に籍を置くという方が最初のメンバーで三十数名いらっしゃいましたが、この南紀の教会が独立する時に、その方々を株分けするという形になりました。実質的にはほとんどゼロのところから開拓が始まったということができると思います。

今では礼拝は、多い時ですと子どもたちも含めて九十名ぐらい、少ない時は六、七十名という状態です。あとは日曜学校の子どもたちが三十名から四十名ぐらいです。だから毎週百二十名から百五十名ぐらいの方が教会に集っていらっしゃるということになります。

この教会の歩みの中で、特に祈りというものが果たしてきた役割というものをどのように感じておられますか。

南紀キリスト教会

寺田師：その役割は、非常に大きく、祈りによって始まって、祈りによって前進してきている教会だと思います。借家で始まって、何もなくて神様に祈り求めるというところから、今の役場の隣のこの用地も与えられましたし、建物も与えられました。そしてまた祈りによって若い高校生たちが聖霊に満たされて、神様の愛と力を体験して、それをもとに家族や同級生たちに伝道していくことによって群れが広がってきたということもあります。近くには私たちと同じ群れの教会がなかったんですが、祈りによって力が与えられたことにより、離れていても前進することができたということが言えます。

寺田里美師（牧師夫人）：私が独身時代に伝道に来ていた時期は、借家もなかったんです。教会に来ていたのは六名の中学生と、伝道者だけでした。本当に神様に全面的に頼らなければ何もない、資金もない状態でした。母教会からも援助はしてくださいましたけれども、自分たちで集会所を転々と借りなければなりませんでした。定期的に借りられる場所がないので野外で集まっていたのですが、それでは雨が降った時に祈るところもないと、熱心に祈って借家を与えられました。そのように、祈りから始まったのです。

そうすると開拓当初から祈りの力というものを体験してこられたわけですね。

寺田師：はい、そうですね。母教会が祈る教会だったので、祈らなければ道が開かれないということを初めから教えられていました。だから、心から祈っていく時に、道が徐々に開かれて前進することができました。そして、そのことを通して、本当に神様がおられるということを少数の中高生たちが体験して力になっていったんですね。

具体的にどのような祈りを教会の中に取り入れておられるのでしょうか。

寺田師：祈りの中で、さまざまな領域が徐々に開かれてきたという経過があると思うんですが、最初は会堂を求めるという祈りや、家族が救われるための祈り、また病気がいやされ、聖霊に満たされるという祈りが中心だったんですね。そして、その中で進んでいった時にいやしが起こったり、家族の救いが起こる、また会堂用地のために目標額を決めて、祈りながらみなが犠牲を払っていった時に、今の教会の用地の最初の六十坪を買う資金が満たされたということがありました。

　私たち夫婦がこちらに来た時には、聖霊に満たされた、聖霊の賜物の豊かにあふれるペンテコステの教会を作らせていただきたいという願いを持ってきたんですが、祈っていく時に、神様がいやしを与えてくださったり、預言の賜物を与えてくださったりするようになりました。聖霊の賜物が祈りを通して開かれて、与えられていく。それによって、教会のみんなも喜びに満たされて、大胆になってキリストの証人となることができたという一面があると思います。ここは特に仏教的な束縛が強くて、若い高校生たちが教会に来る時に家族の反対を受けたり、迫害を受けたりすることもあったのですが、祈りによって聖霊に満たされて、それを押しのけて前進することができたという要素があると思います。

寺田文雄師夫妻

里美師：私の独身時代に、高校生たちが救われて来ていた時期は、祈りが死活問題でした。祈りなくしたら何もない、集会場も力もない。そういう必死の祈りの中で三十数名に増えていったんですけれど、彼らは進学や就職で都会へ出ていってしまいました。それから一年ぐらいして、私たちが夫婦でここに来たときには、残っていた群は十八名くらいでした。そこからスタートした教会形成の中で、聖霊のバプテスマだけではなくて、その後に続くたくさんの霊的な領域があるわけですけれど、そういった賜物をいただく教会でありたい、知的で霊的で、実際的な教会でありたいと望んできたわけです。

　最初はチョー・ヨンギ先生の信仰による祈りというものに、私自身がものすごく啓発されて影響を受けました。その後、聖霊の賜物の学びを始めたんです。すると、ある姉妹が単純に信じて神様を求めたら礼拝の中で主からの幻を映像として見る、ということが起こってきたんです。そのようなことは初めてだったので、みな驚きましたが、それが聖書的なものだということが分かりました。

　そういうことが進んでいく時に、アメリ

力のヴィンヤードでやはり預言についてのセミナーがありました。そこに主人が行って何週間か学んできたところ、それがいよいよはっきりと強くなりました。

寺田師：毎日早天祈祷で祈るとか、半徹夜で祈るとか、断食して祈るということを初期の頃から始めまして、年に二、三回ほど断食祈祷聖会というものを一泊二日ぐらいでしてきました。今年の九月には四十五回目を迎えましたが、本当に口先ではなくて必要に迫られて必死で祈るというような形で来たんですね。会堂建築のために断食して祈っていた時に起こった一つの大きな出来事は、「川のそばの大きな建物の近くに、空に高くそびえる白いわたしの教会を建てる」という預言の言葉が与えられたことでした。その時、二つほど候補地があったんですが、今建っているこの場所が神様の御心だと教えられて、買い入れ交渉をしたところ、「教会だったら喜んでおゆずりしたい」ということで、この場所が開かれました。最初六十坪買ったのですが、その後買い足して、百九十坪の土地が与えられました。

また、結婚して五年間は子どもがなかったんですが、別の断食聖会の時に「妻の胎がいやされて子どもが与えられます」という預言が与えられました。すると本当に一年後に、今十二才になる長男が誕生しました。一九八六年の出来事です。

さらに、一人の高校生の姉妹は、背骨がS字形に曲がってしまう「側わん症」という病気になっていましたが、その断食聖会でいやされて、背骨が真っすぐになるということが起こりました。本当に必死の祈りに神様が答えてくださるという信仰が与えられ、そうすると、次に必死に祈る時にも神様が答えてくださるという信仰を持たせていただくように変えられました。

開拓当初の一九八三年から会堂ができた一九八七年ぐらいまでは、目標をしっかり持って、とにかく断食して徹夜して必死で祈る、そして神様に答えていただくという韓国風の祈りが中心だったんです。それから、会堂が与えられて増えていく中で、少しずつ変化が来ました。次の大きなステップは一九九四年のトロントブレッシングが始まった時期ですが、トロントに行ってリニューアルの恵みを受けてきたんですね。

そのことが一つのきっかけになりまして、一九九五年にはアルゼンチンにも行かせていただき、そのような経験を通して、心のいやしとか、霊的解放が起こるようになりました。それから聖霊の賜物が爆発的に増加するようになり、一九九四年以降は、異言とか預言といった賜物に加えて、霊を見分ける賜物とか知識の言葉などが開かれました。それも一人や二人ではなくて十人、二十数人が経験するという感じで、霊的な注ぎが強くなりました。それを通してみな心がいやされたり、実際に悪霊からの解放が起こりました。本当に聖書に記されている霊的戦いが現実であるということを体験しまして、それも大きな転機になりました。それが一九九五年のことです。

里美師：トロント・ブレッシングが入ってきた時は、主から聞く祈りということが開かれました。主のビジョンを聞いていくときに、祈りにも広がりが出てきましたし、神様への信頼ということも深まりました。そのような中で、弱い人もみなに受け入れられる、愛の深い、すごくあたたかい教会になっていきました。

寺田師：弱い人とか、幼い時に傷ついている人が聖霊のリニューアルの中で、誰も手を触れないのにいやされたり、あるいは映像を受け取っていやされたりするということを経験しました。神様の人知を越えた愛というものをみなその中で経験して、心がいやされたことによって、教会が健康になりましたね。

一九九七年ぐらいからは、牧師のために霊的戦いがあるのでとりなすという、牧師のためのとりなし祈祷が始まりました。さらにもう一つの変化は預言的な祈りですね。受け身の祈りから今度はもっと積極的に、預言的に霊の戦いの中で宣言したり、敵の力を打ち砕く祈りをするようになりました。

去年ペンサコーラに行った時のことですが、みながとりなしてくださった時に「車の事故に気をつけたほうがいい。それも女性が運転している赤い車に気をつけたほうがいい」ということを示されまして、実際に後でそれと似たようなヒヤッとすることがあったんです。このように示されてとりなして祈るということや、あるいは牧師の外部奉仕のために、出かけて行って祈る時に、その教会のためにこういうことを祈ったほうがいいとか、こういう病気の人がいらっしゃるんじゃないかとか、カエルのお守りみたいなものを持っている人がいるんじゃないかというようなことが示されて、外部奉仕の導きと助けになるということが起こってきました。また私は十年ぐらい健康がすぐれなかったんですが、とりなしの祈りによってだんだん回復してくるということもありました。

このように、目標を決めてひたすら祈り求める祈りから、霊的賜物の領域が開かれ、さらに霊的戦いが始まるという、三つの大きなことが南紀教会の祈りのターニングポイントかなと思います。

ちょうど一昨年、とりなしの祈りの中で経済的な束縛を打ち砕く祈りをしてもらったんです。その年にイギリスから捧げることの祝福を教えてくださる先生がゲストで来てくださったこともあって、経済がその年から祝福されて、今年、会堂と牧師館を増築することができるということになりました。その時に、牧師とりなし会の中で、牧師家庭の祝福のために教会全体がケアしたほうがいいということを示されて、普通だったら会堂の増築を先にするというところが多いと思いますが、結果的に牧師館を先に建設するということになりまして、会堂の増築がそれに続きました。

また断食聖会の中では、折々のテーマで祈るんです。最近ですと、戦略的に祈るとか、悔い改めて祈るとか、リバイバルのために祈るとか、会堂建築のために祈るなどのテーマで祈ってきました。

ここで祈祷部の部長をされています西谷富美子姉妹にお話をうかがいたいと思います。

西谷姉：祈祷部には、主婦の方を中心に、七人が所属していますが、部員以外にもとりなしの祈りのために賜物、重荷が与えられている方が来てくださっています。定例の祈祷会が隔週で水曜日の夜にあって、あとの隔週の水曜日はセルグループ、木曜日は小牧者のプログラムをやっています。

牧師とりなし祈祷は、一九九七年に始まりました。当初は、とりなし手たちだけが毎週集まって、牧師の健康や霊の祝福のために祈るという形で始まったんですが、途中からその時間に牧師先生たちが祈り会に来てくださるということになりまして、先生方を前にして、私たちが先生たちを取り囲んで祈るという恵みに与るようになりました。その中で、先生方に今日必要な祈りであるとか、神様が導いておられることに関して預言とか、映像を通して示されるというようなとりなしを続けてきました。

初めは映像で示されたり、預言の言葉が与えられたりする賜物を持っておられる人は少なかったんです。でも牧師のためにとりなしたいということで一人、二人加わってくださるうちに、牧師のためにとりなして祈ることによって祈りの霊が注がれ、そういった賜物が開かれていっています。

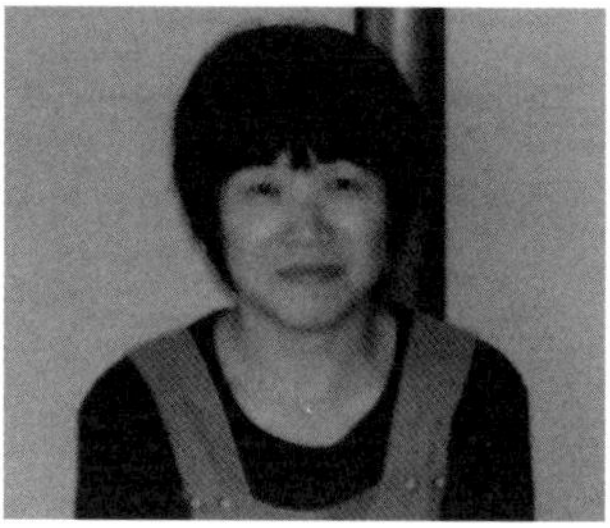
西谷富美子姉妹

週に一度の祈り会を、今年で三年近く続けているんですが、不思議なことにみながその祈り会を優先して来てくださっているんです。今までも、グループを作って何度か早天祈祷を続けようとか、昼の祈りを続けようとやったんですけども、二年以上続いたものはありませんでした。絶えず私たちが新しいものを企画し準備して、教会全体がいつも飽きないで祈れるように配慮していったんですが、牧師とりなし祈祷だけは続くんですね。神様が本当に恵んでくださっているんだなと思いますし、また祈り手たちが牧師のために祈ることで成長させられるという祝福を見させられているんです。

他の祈りですと、半年くらいは用意した企画が祝福されてしばらく祈りが続くんですが、どうしても長く続けていくには、集会に来れなくなる人がいたり、祈り手が弱ってしまうということがないように、常に変化を持たせるように気を付けています。ある時は早天の祈り、ある時は昼の祈り、断食の祈りに変化したり、また電話でお互いに祈るリングプレイというのをしたり、クリスチャンホームで祈ったり、祈りの友と祈るということを取り入れたり、ドライブ祈祷とか、歩いて町を祈るとか、マンネリ化しないで祈りが弱らないような刺激を教会に提供するという働きをしています。もちろん、これらは定例祈祷会以外の活動です。

そして、いろんな体験をされた方々の証しをまとめてニュースを発行したりします。教会が独立した当初から、「炎」というニュースを出してきているんですが、たくさんの証しがあるんです。祈りがこのように聞かれたというニュースをいつも教会に発表して、みなで分かち合えるようにしています。

祈りがいつも実際的なことと結びついているということですね。

寺田師：実際面のケア、フォローと祈りのコンビネーションがすごく重要になると思っています。具体的には、祈りに対して、祈り手を動員するような実際的な働きを計画するとか、あるいは祈りの答えを証しに出してその動機づけを新しく与えるようなこととか、あるいは会堂のために祈ったら、今度は会堂建築準備委員会を作って、会堂について具体的な目標を掲げていくということとか、伝道の場合も、伝道部がクリスマスや秋や春の特別伝道会など計画するんですが、それにタイアップして、一ヶ月前から断食祈祷や連鎖祈祷や決起祈祷を企画する、といったことを行なっています。

そういう中で具体的に祈りの答えというのは見えてくるということですか。

寺田師：はい。具体的にそれが見えてこないと、祈りが弱くなってしまうという人間の弱さがあるんじゃないかと思います。祈りと実際的な面のコンビネーションの中で答えが見えてくる時に、神様が生きていらっしゃって、答えてくださる、あるいは勝利を与えてくださるというふうに、信仰が成長していくということがあると思うんです。祈りによって教会ができてきたんですけども、祈りだけ強調しすぎると、バランスが欠けてしまうので、祈りと実際的なフォローというものが両輪であると思うんですね。

　私たちが祈らせていただくというのも神様の恵みだと思います。祈りに答えてくださって業が現われるというのも神様の憐れみであり、恵みだと感じます。

里美師：私たちは色々と課題をあげて祈っていますけど、祈りが聞かれるような祈りとなると、もうそれは礼拝になっていますね。主との交わりです。その中で自分の祈りの課題など何もかも忘れて主との交わり、礼拝をしている時に結果が現われてくるんですね。

具体的に祈りが応えられたという体験の中で、特に先生の印象に残ったことを一つだけ挙げるとすればどういうことでしょうか。

寺田師：やはり会堂建築のことだと思います。開拓が一九七二年に始まって、十数年、それまで会堂建築のために貯めてきたお金が二十万円ぐらいしかなかったんです。この用地を買うということになり、とにかく元手がいるからということで、じゃあ、二百万円を目標に立てようと言ったのですが、教会員は高校を卒業したばかりの人たちがほとんどで、そんなお金は見たこともない人ばかりだったんです。会堂建築準備委員会を作った時は、メンバーのほとんどが二十歳でした。でも本当に信仰によって進んでいった時に、一年後にその二百万円が与えられたんです。二年目はみなに相談して五百万円という目標を立てたのですが、それも備えられて、全部で七百万円になりました。教団の補助もあり、それで最初の六十坪の千五百万円ぐらいのこの用地を購入できたんです。

右側が増築された会堂部分

里美師：目標を立てて祈った時に、教会のメンバーにとっては初めてのことだったので貯まるはずがないと確信していたのが、一年経った時には達成していたのです。主に信頼するならば必ずなるとその時に祈った者たちは確信しました。

寺田師：それから二年後に最初の会堂を建てるのに二千万円ほど必要になりました。そのお金も本当になかったんですが、その時に救われる方々が起こされて、重荷を持って捧げてくださったんです。もともと若い方が流出していく地域で、経済力もそんなにない町なんですが、祈っていったときに、ある時「神様が経済を送る」という預言をいただき、その後教会の経済が祝福されて、隣地も購入できましたし、建物も増築できたということです。

里美師：今回増築をした時には、「まだまだいっぱいじゃないのに、不可能だ」と言って反対する人もいたのですが、祈りの中で神様は急いでおられると感じて、会堂建築委員会を作りました。委員の中でさえ反対があったほどでしたが、とにかく踏み出したところ、二ヶ月で千五百万円が捧げられたんです。最初の時とはとても比べものにならないぐらいのスピードで捧げられました。私たちの地域のような経済力のないところでは大きなお金でした。六月までに教会債も含め必要の全てが満たされました。何かビジョンを掲げて挑戦することが、破れ口を作っていくみたいな感じです。

最後に、一言でこの教会の歩みを祈りということでまとめていただけますか。

寺田師：偉大な全知全能の神様を信頼して、見上げて進んでいく時に、神様が道を開いてくださったということですね。苦しいところや困難なところを通る時もありますが、神様が道を開いて神様が勝利を取られるというか、神様の御名に栄光が帰せられる働きを神様ご自身がしてくださる。私たちもそれに喜んで加えさせていただくというように感じます。

最初はそういう偉大な神様を信じてやろうとした一握りの人たちが土台となってきたんですけども、この十七年間の歩みの中で、それに喜んで加わろうとする方が、さらに増し加えられてきました。今は三百名の教会という目標が与えられて、それに向かっていこうということで、「南紀二十一世紀ヴィジョン」という五カ年計画が今年できました。来年からそれに取り組みたいと思っています。そして、さらに千坪の会堂用地を求めて祈り求め始めています。そしてそれを通して三百名から千名の礼拝を実現できるようにと、さらに次の目標を持って歩めるようになりました。

もう一つは、一九八四年に断食聖会をした時、この会堂を与えてくださるという預言と共に「時が来ると、霊的な宮と器を建て上げてリバイバルを起こす、そして世界に宣教に遣わす。そういう民を起こす」という言葉をいただきました。その時は、どうとらえていいか全くわからない感じだったんですけれども、それから十五年経ちまして、神様が今度はその預言の後半部分、すなわち世界宣教に向かってヴィジョンを持っていく民を起こそうとしてくださっています。私たちの教会にはクリスチャンホームが十六組ほどあるんですけど、片親だけクリスチャンという方も含めますと、五十名ぐらいの子どもたちがいるんです。その中からそういう使命を持つ子どもたちを神様が備えてくださっているという信仰を持つことができるんです。きっとそういう若い次の世代が神様からのヴィジョンを受け取って、応答してくれるようになるんじゃないかと期待しています。

里美師：最初に信仰を持って歩もうとしたときに、大きなヴィジョンを掲げると人は笑いました。教会の中でも笑う人がいました。今では大きなヴィジョンを掲げても、アーメンと言ってみなが従えることを感謝しています。

寺田師：最初はゼロで何もなかったんですが、本当に神様ご自身が、私たちがより神様を信頼できるようにと信仰を深めて、強めて、また高めてくださって、ここまで来ることができたことを本当に感謝しています。すべての栄光が神様に帰せられますように。

てらだ・ふみお
1948年生まれ。1982年、中央聖書学校（現・中央聖書神学校）を卒業。同年、里美夫人と結婚。一年間、夫婦で大阪中央福音教会から古座へ出張伝道を行った後、1983年、日本アッセンブリーズ・オブ・ゴッド教団南紀キリスト伝道所を発足。1987年、新会堂リバーサイドチャペルを献堂。1989年、南紀キリスト教会と改称、現在は和歌山県と大阪府に三つの小さなブランチチャペルを持つ。

●地域教会レポート

「教会形成の霊的側面」③

教会に与えられた使命のための祈り

■滝元 順
新城教会牧師（愛知県新城市）

はじめに、現在新城教会でなされている活動についてお聞かせください。

滝元師：教会の活動は人生の全般に関わりますから、何からお話しして良いのか解りませんが、教会活動の全ては、「宣教」という二文字に集約されると思います。それで、「福音宣教とは解放」であるという理解の中で、私たちの教会においては、宣教に伴う霊的戦いを重視して活動しています。魂を暗やみから光に、サタンの支配から神の支配に勝ち取るという理解から、霊的戦いは宣教と表裏一体で進んでいくものだと思うんです。その中でも特に重要な活動が、宣教の中に、地域的な霊的戦いと個人的解放を並行して取り入れていくということだと思います。

教会の様々な活動の中で、祈りというものをどのように取り入れておられるのですか。

滝元師：クリスチャン生活にとって、個人的な祈りはとても重要なものですが、同時に、教会としての視点で考えるとき、教会に主が何を望んでおられるのかを知るための祈りがさらに重要であるように感じています。個人的な祈りも、教会に主が祈らせたい事柄を受け取る祈りの中に集約されるものとしたいと願っています。そのために教会全体が祈る必要を感じます。ですから、教会が「祈り」をどう位置づけるかが、たいへん重要だと思うんです。新城教会では、教会全体が「とりなし型」になり、自然と神の御心へと向く祈りの教会になりたいと願っています。

教会としての祈りというのは、教会の人たちが共に集まって祈るという意味でしょうか。

滝元師：もちろん、共に集い、何らかの切迫した必要に関して祈ることは大切なことですが、それ以上に、教会自体の祈りに対する理解として、神様がその地域に持っている御心だとか、ひいては国家といった大きな領域における教会としての役割、そして、神がその祈りを通してどんな働きを展開させていきたいのかを、教会全体で「求める」という「姿勢」が大事じゃないかと思います。教会で指導的な立場にある者や、スタッフたちは特に、そのことを祈り求める責任があるように思います。

それは、ただ単に地域に福音を宣べ伝えるという漠然としたものではなくて、それぞれの教会に神様が与えておられる具体的な指針ということですか。

滝元師：そのように思います。神の前にキリストのからだという意味での「教会」は一つしかないはずですから、全体での神の計画の中で、私たちの教会が受け持たされている領域があると思いますし、特に日本のリバイバルという視点で考えるときに、ただ一つ存在する「日本教会」の中で、新城教会という私たちの教会に何を主が命令されているか、ということではないかと思います。それで、まず、まかされている地域に対して、何をしたらいいのかを、神に聞く必要があると思います。つまり、ただ単に教会に人が増えるという以上に、全国の教会を通して日本の霊的必要をお互いに満たしていくという役割があるんじゃないかと思います。霊的戦いが始まって変えられたことと言えば、自分たちが計画を立てるというよりも、神様から計画を受け取って実行させていただきたいという思いになったことですね。それは決して具体的な計画を放棄しているということではなく、神様がその時点で何を私たちにさせたいのかを、真剣に教会全体で祈り求めるようになったことです。イスラエルが昼は雲の柱、夜は火の柱に導かれて、雲の柱が動いたときは動くし、止まったときには止まったように、主の導きの中を敏感に歩みたいと願っています。

具体的に新城教会に与えられている神様の御心というものはどのようなものだと思われますか。

滝元順師

滝元師：それは、後になって歴史を振り返らないとはっきり分からないところもあると思いますけれども、現時点で神様が導いてくださっている分野は、霊的戦いにおいて、日本のために、また世界のために仕えていくということだと感じています。でもそれは現時点でのことで、将来どのように主が導かれるのかは分からないですけれども。

教会がただ、人数とか、施設とか、そういう見える部分を目標の主体にすると、神様の御心からはずれる危険性が大きいんじゃないかと思います。もちろん、「主のために」という大前提はあるのですが、人数の増加目標が優先してしまったり、施設拡大を目指して頑張っていくと、世の中の価値観とあまり変わらなくなる危険性があるのではないかと思います。主の御心をとらえて実行した結果として、何らかのことが教会の中に起こされるのが理想じゃないかと考えています。神様の御心を行い、結果的に人数が増えたり、施設が拡大したり、働きが広がったりするのはいいと思うんですが、案外それが逆になりやすいんじゃないかという気がします。

もう少し具体的に、教会活動の中でどのような祈りをされているかということをお聞かせいただけますか。

滝元師：このようなパターンで祈りを進めると効果がありますよとは、なかなか言えないので、難しいですが、教会では霊的戦いという方向性の中で、祈りがなされています。それが地域的なとりなしの祈りであったり、個人的解放の祈りであったり、時には特定の集会、働きのためのとりなしだったりするんですけど、その中でもとりわけ重要な祈祷会として、長く続いているのが、毎週月曜日の夜に行われる愛知県民の森での徹夜祈祷会です。十年以上の歴史がある祈祷会なんですけど、それは目に見えない世界でまず、勝利を取らせていただく霊的戦いの祈祷会であるということと、そこでの霊的戦いが進展するときに、神様の御心が徐々に現されるという側面があるように感じます。もう一つ、水曜日の夜にはスタッフたちを中心とする県民の森徹夜祈祷会があります。このような祈祷会の中で霊的戦いがさらに進み、御心が徐々に明らかにされてきて、自然発生的に次の祈祷のプランが生まれてくるように感じます。やがて、三百六十五日、毎日、何らかのテーマを受け取って祈りが捧げられる教会になりたいと願っています。

また、ある教会スタッフたちは専門的に毎週、月曜と木曜に地域のためのとりなしの祈りをします。それは教会に導かれている求道者や、特に、解放の祈りを必要としている方々の背後にある地域的つながりを砕くための祈りです。個人的解放の祈りを実際に行いながら、その中で引き出された必要と地域的な束縛を実際に現場で祈るわけです。その後、もう一度そのつながりについての個人的解放の祈りを導くとき、多くの場合破れが起こってきます。

もう一つ、近頃始まった祈祷会ですが、それは主婦の方々を中心に編成されているとりなしチームです。定期的に町に出て行って祈りをします。その方々の多くは、預言的とりなしの祈りの賜物が与えられていて、祈りのポイントを直接主から受け取って祈ってくれます。大変パワフルな祈り手たちです。

具体的に祈りが実を結んだ例があれば、お話しください。

滝元師：地域の霊的戦いが始められた当初、この祈りが救いにどのように結びつくのかと、理解できない部分も多くあったんですが、最近、それがただ机上の論理だけでなく、地域と個人の霊的リンクが崩されることによって魂が救われる事例が幾つか起こってきました。そのことによって、個人の救いのためにより一層、地域のためのとりなしを強化しなければならないと感じています。

一つの例を挙げますと、最近ある主婦の方から電話がかかってきて、「話を聞きたいから来てください」と言われたんです。その方が住んでいる場所というのは、ある人の解放の祈りを通して二年程前から、特別に祈らされていた地域でした。電話の主は十五年ぐらい前、高校生時代に教会に来ていて、その後離れてしまった人でした。たぶん、何か問題が起こってもう一度話を聞きたくなったのだろうと思って、家内と共に訪問したのですけど、そのとき、なぜ教会に電話をかけてきたのか理由を聞いて驚きました。

それによると、彼女は、十五年間全く思い出しもしなかった教会に再び来た夢を、今年になってから三回も見たと言うんです。最初は久しぶりに教会の前に来て、中に入ろうか入るまいか迷っている夢でした。しばらく期間をおいてから再び夢を見たそうです。今度は、自分が教会の中に入って一緒に礼拝している夢だったそうです。三回目も同じような内容の夢を見て不思議に思っていたらしいんです。

それからしばらくして、仕事中、目の前に急に番号が出てきたと言うんです。それは「3・4・8・0・0」で、何の番号かと考えていたそうです。教会の電話番号はまったく忘れていたそうですが、もしかしたらそれかもしれないと感じ、知らない人が出たらすぐに切ればいいと、電話してみると、何とそれは新城教会のテレフォンサービスでした。それで驚いて、「家に来てください」というメッセージを残したそうです。まさに聖霊様が直接触れてくださったという感じでした。地域に対するとりなしの祈りによって地域に聖霊が注がれ、霊的束縛が砕かれ、聖霊様が直接介入されたように感じます。

すぐにその方に個人伝道をし、信仰告白へと導き、霊、肉、魂の三領域に対する解放の祈りをしました。そうしたら見事に解放され、罪の赦しと救いの確信をいただき、聖霊の油注ぎもいただいて、ご主人も子どもさんも一緒に教会に来られるようになりました。

最近、その方が地域のために祈ってほしいと言うので、なぜかと聞くと、昔、自分と一緒に教会に来ていた友達が何人かその地域に住んでいて、信仰から離れているから、そのために、とりなし祈らなければいけないと感じたと言うんです。そこでとりなし手の人たちと共に祈りに行ったんですが、その方はすでに霊的な感覚が開かれていて、真剣に戦って祈る姿にはびっくりしましたね。霊的戦いを通して救われた人は、そのような祈りが与えられやすいんだと思います。この方を主が引き出してくださったのは、地域のために祈らせるためであり、続いて救われる次の魂のために引き出されてきたように感じます。個人的解放の祈りのときにも、地域に対するとりなしの祈りがないとなかなか解放されなかったり、いやされないという例も数多く見させていただいているので、この働きをさらに深めさせていただいて、勝利させていただきたいと思っています。

教会にとって、霊的戦いの祈りとはどのような意味を持っているとお考えでしょうか。

滝元師：霊的戦いが起こった当初は、地域的なとりなしは特殊な祈りではないかと思ったんですけど、こうして何年か経って整

新城教会

理がついてくると、それは決して特殊なものではなく、すべての教会に必要なものであり、また教会にどうしても整備しなければならない重要な機能であるという気がします。

日本における霊的な束縛は、網の目のように張り巡らされていますが、そんな暗やみの中でキリストの光を輝かせていくためには、戦いの機能がないと、ある時期、教会が成長したとしても、しばらくすると成果を根こそぎ持って行かれるということも有り得ると思います。能力のある先生が牧会されている期間は教会が恵まれたとしても、次世代に霊的資産を継承することがなかなか難しい状況がありますよね。次の世代に祝福を伝えていくためには、同時に戦いも受け継ぎ、新しい領域で戦っていくという長期的な視点が必要であるように思います。そのように考えると、霊的戦いは特殊なことではなく、日本においては大切な要素だと思います。特に世の終わりの時代は、暗やみと光の区別がはっきりとしてくる時代です。聖霊様が力強く働かれる最後の収穫の時は、それに対抗する暗やみの力も立ち上がるときなので、どうしても、霊的戦いは避けて通れないものだと思います。教会の今までの歩みを振り返りながら、最近このことを特に強く感じています。

たきもと・じゅん
1951年に愛知県北設楽郡津具村に、牧師の長男として生まれる。現在、新城教会牧師として牧会に従事すると同時に、全日本リバイバルミッション伝道者として、全国各地において奉仕している。著書に『主が立ち上がられた日』(プレイズ出版)がある。

新世紀に向けての教会の見直し
～聖書の視点から～

有賀喜一

I. 刷新の世紀

二十世紀はリニューアル（更新、刷新）の世紀と言われてきました。そこには七つの運動を見ることができます。

一・宣教の刷新

一九一〇年に、エディンバラで、世界宣教会議が開かれ、「今世紀の中に世界宣教を達成しよう」がスローガンとして掲げられました。一九六六年にはベルリンでの世界宣教会議が、ビリー・グラハム伝道協会の主催、クリスチャニティ・トゥデイの共催で開かれ、「一つの民、一つの福音、一つの使命」のテーマで、福音の再確認がなされました。一九七四年にはローザンヌで開かれ、「全世界に神の声を聞かしめよ」がテーマで、宣教方策が提示されました。一九八九年にはマニラで開かれ、「全部族に、福音のすべてを、全教会によって伝えよ」がテーマとなりました。その年に、ローザンヌ世界宣教会議運動に代わって、ＡＤ二〇〇〇運動がトーマス・ウォン氏によって提唱され、一九九五年にソウルで、「ＡＤ二〇〇〇年までに各国が実際的な宣教戦略を立て、世界宣教を達成しよう」と決起したのでした。

さらに、一九六〇年代には、ラテン・アメリカのコスタリカで、「深みの伝道」による浸透伝道が始められ、九ケ国で実践され、一九七四年のローザンヌでは、効果的な宣教方策として、ジェームズ・ケネディ氏の「爆発する伝道」とともに広く紹介されました。

一九七〇年代から「教会成長の父」と言われたドナル

ド・マクギャヴラン氏による教会増殖による地域全域の福音化は、全世界から多くの弟子をつくり、世界大の運動となりました。著者も一九七一年、一九七二年とフルにマクギャヴラン氏の直接指導を受けた一人です。一九七六年には、日本で最初の教会成長研修会がマクギャヴラン氏の指導で開かれたのでした。

二．聖書神学の刷新

啓蒙主義による自由主義神学によって、聖書の絶対的権威が疑われ、否定されましたが、聖書を正しく神のことばとして受け取り、旧約聖書、新約聖書の全体的統一性を訴え、聖書神学が確立したことは幸いでした。

三．教会合同運動の刷新

一九一〇年のエディンバラの世界宣教会議から教会合同運動が起き、一九四八年には、アムステルダムで、世界キリスト教協議会が形成されました。しかし、あまりにも組織的合同で、聖書を神のことばとして信じない群れも入っており、福音主義的合同ではありませんでした。

四．世界戦争後の礼拝儀式の刷新

これは、ローマ・カトリック教会の中での刷新運動で、かなり思い切ったものでした。

五．新ペンテコステ（カリスマ）運動

聖霊の力と、キリストのからだである教会への聖霊の賜物の回復です。その範囲は広く、聖書を神のことばと信ずるすべての教会に、その度合いは別として浸透したのです。

六．社会正義の樹立の刷新

福音の社会的適用で、飢餓とともに社会に見られる不

●ありが・きいち
1933年福島県に生まれる。14歳の時、仏教からキリスト教に回心。関西聖書神学校に学び、後年米国フラー神学大学院留学。15年間、伝道者として日本全土、世界で活躍。母校である関西聖書神学校の校長として12年間務める。
現在は全日本リバイバルミッション代表、リバイバル神学校校長、国際福音神学校校長、ハガイ・インスティチュート国際教授、ニューポート大学日本校教授として活躍中。神学博士。

正義の横行、人種差別、不平等などに対抗する運動で、初めは自由主義的教会の間で活発だったのが、一九七四年のローザンヌ世界宣教会議から福音主義的教会でも反省がなされ、積極的に取り組むようになりました。

七．変革運動の刷新

これは一九八五年くらいから見られ始めたものです。小さいところでは、人口一万八千人ほどから、大きいところでは、人口二百万人という地域で、リバイバルからさらに徹底、浸透して、七〇パーセントから九五パーセントの人々が、生まれ変わったキリスト者となり、社会の構造まで変化したかのようになります。このような変化は、インドの北東部にあるミゾラム、ガテマラのアルモロンガ、アメリカ、カリフォルニアのヘメット、アフリカのコロンビアのカリなどの全世界二十ヶ所ほどで見られます。

Ⅱ．教会の必要

次に、教会の必要の一つは、この世の人々がキリスト教会に求めているものは何であるかを発見し、その探求を満たしてあげることです。それは、この世に適合して、教会が埋没してしまうのではなく、文脈化することでしょう。この世の人々は次の三つを求めているのです。

一．卓越性の探求（Transcendence）

一九八九年のベルリンの壁の崩壊に見られるようなヨーロッパでの共産主義からの脱却、西洋物質中心主義の荒野、麻薬悪用の横行、オカルト宗教の増大から、今、人々は真の卓越したものを求めているのです。

二．意義深さの探求（Significance）

人間機械化、科学万能の不信、実存主義の結果、生きる意味を失った人々が、改めて人生の意義深さを求めているのです。

三．生命共同体の探求（Community）

お城のようなハウスは建っても、そこに温かいホームはありません。人間関係が失われて、親子の断絶、家庭の崩壊、人間不信の世です。誤った個人主義が横行して、すぐ「キレる」人間で一杯です。人々は、真の愛の生きている共同体を求めているのです。

このような時代、二十世紀の刷新と人間の探求に充分応えることのできる教会の見直しが絶対不可欠なのです。

Ⅲ．新世紀に向けての教会の見直し

一．教会の神学、セルフ・イメージを聖書から見直そう

教会は二つの極端になり易いのです。一つは、宗教的秘密結社のように、誰も自由に入り込めないし、誰も受け入れないような、完全にこの世からかけ離れたものになってしまう危険性があること。もう一つは、この世俗との何の仕切り線もなく、この世と同化してしまうことです。

教会は確かに二重性を持っているのです。それは、霊性と世俗性であって、聖い世俗性（holy worldliness）と言われるものです。聖霊降臨によって誕生したエルサレム教会は、使徒の働き二章四一節から四七節に見られるように、みことばを受け、バプテスマを受け弟子に加えられて、共同体となりました。教えを守り、交わりをし、パンを裂き（聖礼典＝聖餐）、祈りをしていたのです。一同の心に敬神の思いが生じ、一切のものを共有にしていました。このような愛の共同体の中で、指導者たちの使徒たちによって多くの不思議なわざと証しの奇跡が行われたのです。そして、毎日心を一つにして宮に集まり、家庭でも集まり、聖餐と愛餐をし、神を賛美し、すべての民に好意を持たれ、主も毎日救われる人々を仲間に加えてくださったのです。そこには輝くばかりの真の愛の共同体ができあがったのです。

もう一つの神のセルフ・イメージは、使徒の働き一一章一九節から二六節までに記されているアンテオケの教会の姿です。

エルサレム教会は、人種的にはユダヤ人だけの教会でしたが、アンテオケの教会は、ほかの人種の人々も、主の御手のゆえに信じて主に立ち返り、神の恵みによって成長し、大ぜいの人々で、主の民となったのです。このアンテオケで初めて、弟子たちが、キリスト者（クリスチャン）と呼ばれたのです。

二．教会の構造の見直し

旧約聖書時代の神の選ばれた民、イスラエルは、神の選民としての強い自覚、神の選民に対する特別な愛顧の

確信を持っていました。そして、彼らがとった方法は、イスラエルを取り囲む他国の人々の目を自分たちに引きつける方法、すなわち、求心的方法だったのです。

新約聖書時代の神の選ばれた民は、キリスト教会で、主イエス・キリストのからだと呼ばれる愛の生命共同体であり、主イエスの彼らに対する命令は、大宣教命令と言われました。それは次のようなものです。「あなたがたは行って、あらゆる国の人々を弟子としなさい」（マタイ二八章一九節）。「全世界に出て行き、すべての造られた者に、福音を宣べ伝えなさい」（マルコ一六章一五節）「その名によって、罪の赦しを得させる悔い改めが、エルサレムから始まってあらゆる国の人々に宣べ伝えられる。あなたがたは、これらのことの証人です」（ルカ二四章四七～四八節）。「イエスはもう一度、彼らに言われた。『平安があなたがたにあるように。父がわたしを遣わしたように、わたしもあなたがたを遣わします』」（ヨハネ二〇章二一節）

これらの大宣教命令は、ことごとく遠心的方法を表しています。教会員もできる限り、人目につき易く、人々を温かく迎えるようなスタイルで、教会の集会のプログラムも、明るさがあり、教会員の人間関係からくる溢れる愛で魅力に富み、教会堂中心でなく、クリスチャンの各家庭が開放され、用いられる分散方式、さらに、牧師中心でなく、牧師の指導のもとに、会衆中心で、聖霊の力によってきよめられ、力強くなり、聖霊の各賜物によって、人を生かす奉仕がなされる構造です。

三. 教会のメッセージの見直し

「聖書はすべて、神の霊感によるもので、教えと戒めと矯正と義の訓練とのために有益です」（Ⅱテモテ三章一六節）。「私は以前は、神をけがす者、迫害する者、暴力をふるう者でした。それでも、信じていないときに知らないでしたことなので、あわれみを受けたのです。私たちの主の、この恵みは、キリスト・イエスにある信仰と愛とともに、ますます満ちあふれるようになりました。『キリスト・イエスは、罪人を救うためにこの世に来られた』ということばは、まことであり、そのまま受け入れるに値するものです。私はその罪人のかしらです。しかし、そのような私があわれみを受けたのは、イエス・キリストが、今後彼を信じて永遠のいのちを得ようとしている人々の見本にしようと、まず私に対してこの上ない寛容を示してくださったからです」（Ⅰテモテ一章一三～

一六節）

教会のメッセージは、何よりも聖書的で、固定型でなく（どの聖書の箇所からでも、決まった結論になるようなものではなく）、超越型（人々の頭の上を飛んでゆく）でもなく、分かり易く、単純で、鋭い、しかも、短いもので、現実に適用できるものです。人々は、哲学、倫理や道徳でなく、真理、道、そして、生命を求めているのです。

四．教会の生命の見直し

イエス・キリストの宣教の中心は、神の国でした。教会の生命は、神の国の実現にあります。神の国とは、神の主権が現され、神の民が生きた共同体となり、神の権威が全地に拡大することです。

パウロは、ローマの獄中からエペソ人への手紙を書きました。主題は、「生きた教会」です。一章から三章までが、「生きた教会の奥義」で教えの部であり、四章から六章までが、「生きた教会の実践」で実行の部です。

A．生きた教会の教え（一章から三章まで）

このエペソ人への手紙に、「生きた教会の教えと実践」があるのですが、作者のパウロがこれを書いたのは、迫害され投獄された状況下ででした。逆境からの傑作です。パウロは霊感を受けて、三つのことを、教えの部分で明白にしています。すなわち、生きた教会は、生きた神、生きた信徒、そして、生きた務めのゆえです。

一．生きた三位一体の神のゆえに（一章）

まず、父なる神は、私たちを選び（四節）、定め（五節）、そして恵んで（六節）くださった。次に、子なる神、イエス・キリストは、私たちを、贖い（罪の赦し）（七節）、一つに集め（一〇節）、御国を受け継ぐ者（一一節）としてくださったのです。そして、聖霊なる神は、福音を聞かせ、信じさせ、聖霊によって証印を押して（一三節）くださって、文字通り、生まれ変わらせ、新しく造り変えてくださったのです。

パウロの開眼の祈り

パウロはここで祈りのうちに、この神の生きた事実を「心の目ではっきり見えるようになりますように」（一章一八節）と、聖霊のお働きを求めているのです。実に教会はこの三位一体の神が生きておられるゆえに、生きているのです。

二．生きた信徒のゆえに（二章）

あなたがたは死んでいました（一節）。奴隷のようにこの世と、サタンに従い（二節）、自分の肉の欲に従ったゆえに、生まれながら御怒りを受けるべき子ら（三節）でした。永遠の滅びが決定的であったのです。

「しかし」と四節にあります。救いの動機は愛で、その土台は義です。あわれみ豊かな神は、キリストの十字架と復活によって、ひき上げる救い（六節）をもって、生かされたのです。この救いは、遠くに離れていた者が、敵意を廃棄され、隔ての壁を打ちこわして、近い者とする、近づける救い（一三節）をもって生かされたのです。そして、この救いは、ひき上げられ、近づけられただけでなく、神の家族として、一つにされた救い（一九節）です。まさに、教会とは、家族、建物にたとえられるように、「一つにされた」もので、生きているのです。教会は、生きた神のゆえに、そして、生きた信徒のゆえに生きているのです。

三．生きた務めのゆえに（三章）

「すべての聖徒たちのうちで一番小さな私に、この恵みが与えられたのは、私がキリストの測りがたい富を異邦人に宣べ伝え、また、万物を創造された神の中に世々隠されていた奥義を実行に移す務めが何であるかを明らかにするためにほかなりません」（三章八～九節）

「奥義を実行に移す務め」とは、福音によって、キリスト・イエスにあって、人々が救われ、前に選ばれていたユダヤ人とともに共同の相続者となり、神の国を建て上げるものとなることです。この福音を伝えることは、教会の生きた務めであり、この地上に、教会以外にどんな組織も団体もできない務めなのです。

パウロはこのように、教会が生きているのは、生きた神、生きた信徒、そして、生きた務めのゆえであることを、聖霊によって明らかにしたのです。

パウロの実現の祈り

生きた教会の教えの後、生きた教会の実践に入る前に、三章一六節でパウロは、「御霊により、力をもって、内なる人を強くしてくださいますように」と祈って、これからの実践が可能であると、励ましているのです。

B．生きた教会の実践（四章～六章まで）

一．生きた群（教会）の歩み（四章一節から一六節まで）

教会の歩みは、群としての一致（一～六節）と、群としての多様性（七～一六節）にその特徴があるとパウロは勧めています。

この一致は、御霊によること（三節）、群の初めから終わりまでが同じ神によってであること（四節）、そして、すべてを主権をもって支配される父なる神（六節）のゆえになされることが書かれています。この教会は、歴史的に、摂理的に生み出され、それぞれの霊的遺産を持った、聖書信仰に立つすべての教会を包含したものです。このように一致した生きた教会が形成される時、その各教会が、また、その地域、その国、その全世界の教会が、神の完全な御意を実践するものとなるのです。

生きた群の歩みのもう一つの面は、多様性です。パウロは、まずキリストご自身が、生きた群に聖霊の賜物として、指導者をお与えになったこと、すなわち、使徒、預言者、伝道者、牧師、教師の五職をお立てになったことを述べています。その目的は三重です。第一に、「聖徒を整え」、第二に、「奉仕の働きをさせ」、第三に、「キリストのからだ（教会）を建て上げる」ためです。

もう一つの多様性は、キリストのからだである教会の肢体となっている聖徒たち一人ひとりが与えられている聖霊の賜物による多様性です。そのリストについては、エペソ人への手紙四章一一節の五つと、ローマ人への手紙一二章六節から八節までの七つ、そしてコリント人への手紙第一の一二章八節から一〇節までの九つです。合計すると二十一の賜物が記されているわけです。この多様な聖霊の賜物をお互いが発見し、養い、みなの益のために仕え、建て上げのために用いられるならば、教会は、まさに生きた歩みができるのです。

二．生きた個人の歩み（四章一七節～五章二一節まで）

生きた教会の歩みは、生きた群の歩みであるとともに、生きた個人の歩みが伴わなければならないのです。主日の聖徒たちの祭典の栄光は、週日の日毎の個人の歩みによって裏打ちされる必要があるのです。

まさに生きた個人とは、明確なキリスト体験、聖霊体験を持ち、聖言に立って、古き人を脱ぎ捨て、心の霊において新しくされ、新しい人を身に着た人です（四章二二～二四節）。悪魔に機会を与えることなく、神の聖霊を悲しませない、慎み深い、常に神の臨在に生きる人です。

そのような生きた個人の歩みは、五章に入って、三つの歩みであると記されています。

（一）愛のうちに歩みなさい（五章二節）

神に愛されて、本当の愛が生まれ、その愛で生きるのです。愛のあるところ、犠牲もいとわず、神にならう者となり、人格の香ばしいかおりを放つのです。

（二）光の子どもらしく歩みなさい（八節）

以前は暗やみであったが、今は、主にあって光となり、主に喜ばれる御心の中を歩む者となったのです。神の御心が、最善、最高、そして、最良であることを常に確かめて生きるのです。

（三）賢い人のように歩みなさい（一五節）

賢い人は、時代を見抜き、その時代精神（神を認めず、物質中心、そして自己中心）に流されることなく、かえって、機会を十分に生かす人なのです。神がすべての人に与えておられる時間、能力、そして、賜物を良く管理して、神の最善を生きる人です。

これらの生きた個人の歩みの秘訣は、「御霊に満たされなさい」（一八節）です。

英国のジョン・ストット氏は、この秘訣は、まず、受け身の形であるから、へりくだって、信じて受けるならいつでも満たされること。次に、現在の形であるから、かつて恵まれていたものでも、やがて恵まれるでもなく、今現在、満たされ続けていること。最後に、命令の形であって、神が御子イエス・キリストをこの世に遣わし、御子のカルバリーの十字架によって、贖いを全うされ、御子の復活、昇天により、父の約束の御霊を注がれて、今、すべての人にこの満たしを与えておられるゆえに、この命令通りになっていないことは、神への不従順であることを述べています。カルバリーとペンテコステ、破壊と建設、汚れときよめは、求める者に（ルカ一一章一三節）、従う者に（使徒五章三二節）、そして、信じる者（ヨハネ七章三八～三九節）に与えられるのです。

三．生きた家庭の歩み（五章二二節から六章四節まで）

生きた教会の歩みとは、群、個人の歩みであると同時に、生きた家庭の歩みです。

まず、妻は、夫に従いなさい。そして、夫よ、妻を愛しなさい。そこに生きた家庭の歩みがあるというのです。妻の従順は、主を見て、主に従うようにありなさい。それは、創造の秩序であり、霊的秩序でもあるのです。夫が妻を愛するのは、キリストが教会のために生命をささげたように、生命をともに受け継ぐためであり、一体化、同化された者の当然の姿なのです。同様に、この夫婦の奥義は、キリストと教会の奥義でもあります。すなわち、愛の奥義です。

また、家庭は、父と子の関係でもあります。子は両親に従い、しかも、主に在って従うのです。父も、主の教育と訓戒によって、子たちの人格を尊び、個性を増長させるのです。以上のような健康的家庭での夫と妻、親と子の生き方が、生きた教会の歩みを全うさせるのです。

四.生きた社会の歩み（六章五節から九節まで）

当時は多くの奴隷がおり、社会的には、何の権利も認められていませんでしたが、キリスト教倫理の霊的水準の高さが、主人にも、奴隷にも、キリストをともに知った者として勧告されているのです。

キリスト者の社会での振る舞いは、生きた教会の実践の証明なのです。神の御心を行い、善意をもって仕え、神の国の建て上げに通ずるのです。

C.生きた教会の勝利

パウロは、以上のように、栄光の教会の教えと行いを述べた後、教会の勝利を霊的戦いとしてとらえ、神のすべての武具をもって武装し、勝利を確信して、しっかり立つべきことを勧めて筆をおいているのです。教会の生きた夢を見ようではありませんか。

Ⅳ.第三千年期の教会の展望

一.教会と宣教会派の関係

一九六八年のメデリンにおける第二回ラテンアメリカ主教会議は、「基本的な教会的集団」を「伝道の源泉」と位置づけたのです。プロテスタントでも、「宣教の主役は教会である」と信じ、主張するのです。国内、世界宣教の使命を全うする媒体は、教会自身です。

ラルフ・ウィンター氏は、教会と宣教会派（パラチャーチ）の関係は、歴史的、形式的関係ではなく、機能的関係であると言い、相互補完的であると言うのです。神は両者を歴史の中で用いられたのであり、今日でも用いられて、世界宣教は前進しているのです。事実、教会、教派は大宣教命令の完成のためには、宣教会派の熱心と活動性と専門知識を必要とするのであると、ウィンター氏は言っているのです。世界的視野のキリスト者として見失ってはならないのは、主の教会を建て上げているという事実です。

著者は関西聖書神学校を一九五八年に卒業し、栃木県大田原市で、スウェーデンホーリネスミッションの宣教師とともに開拓伝道を開始し、一年以内に会堂を建て、二年で自給化し、開拓伝道の喜びも苦しみもともに経験したのです。その当初から、滝元明先生の伝道の応援とご指導に与ったのです。全国家庭文書伝道協会のトラクトセット、ラジオ伝道プログラム、文書伝道団体からの良書などの大きな助けを受けて教会を形成していったのです。そして、一九六二年から、本田弘慈先生の日本福音クルセードの協力伝道者として十五年間、クルセードタイプの大衆伝道で奉仕して、教会に仕えてきたのです。

一九七〇年には、四国総動員伝道実施に当たり、一年有余、高松に住んで、四国の全教会を訪問し、総動員伝道の推進と、モデル教会での実践を通して、教会と宣教会派の協力関係の苦悩と喜びを味わったのです。

どの町であっても、祝福と結実の秘訣は、祈りと弟子づくり、そして、教会の協力と一致でした。総動員伝道の原則でもある収穫の原則（「豊かに蒔く者は、豊かに刈り取る」Ⅱコリント九章六節）、協力の原則（ルカ五章七節）、献身の原則（マタイ一四章一七～二〇節）、聖霊の原則（使徒一章八節）こそ、全体的成長を与える原則です。

現在は全日本リバイバルミッションを通して、教会とともにリバイバルのために奉仕させていただいています。今後、新世紀を迎えるに当たり、日本の教会による福音化の前進のため、教会と宣教会派の相互理解と全面的協力が与えられるよう切望する者です。

ここで福音主義聖書信仰に立つ者たちの全教会的告白として受け入れられているローザンヌ誓約第六項「教会と伝道」、そして第七項「伝道における協力」、さらに、第八項「諸教会の伝道協力」について引用し、参考にしていただきたいと思います。

「私たちは、父なる神がキリストを遣わされたように、キリストに贖われたご自身の民をこの世界に遣わされることを、また、その派遣は、主の場合と同じように、深い、そして多大の犠牲を余儀なくするところの、この世界への派遣を要求するものであることを確認する。私たちは、教会的なゲットーから抜け出て、未信者の社会の中に充満していく必要がある。世界伝道は、全教会が、全世界に、福音の全体をもたらすことを要求する。教会は、神の宇宙大の目的の中心点であり、福音伝播のために神が定められた手段である」

「私たちは、真理に根ざした、教会の可視的一致が神の御旨であることを確認する。伝道はまた、私たちの一致を強く求めている。何故かと言えば、私たちの不一致が和解の福音を台無しにしてしまうように、私たちの一致は私たちの証しを強化するからである。

だが、私たちは、組織・機構上の一致は多くの形態を維持するものとは限らないことも知っている。とは言え、同じ聖書的信仰に立つ私たちは、交わりと、働きと、証しとにおいて、一致を密にすべきである。私たちは、私たちの証しが、時として、利己的な個人主義や、無駄な重複によって、損なわれてきたことを告白する。私たちは、真理と、礼拝と、聖潔と、宣教とにおける、より深い一致を求めていくことを約束する。そして、私たちは教会の宣教活動の前進のために、相互の志気を鼓舞するために、資力と経験とを互いに分かち合うために、地域的な協力と、機能上の協力をより一層発展させていくことを推奨するものである」

「私たちは、新しい宣教の時代が幕開けしたことを喜ぶ。伝道の責任はキリストのからだである教会全体のものである。それゆえに、全教会は、自らの地域に福音を届けるだけでなく、世界の他の地域に福音を届け、また宣教師を派遣するために何をすべきかを、神に尋ねるとともに、自問しなければならない。このようにして、諸教会間のパートナーシップの姿勢が育成され、キリストの教会の世界性がより一層明白に示されるようになる。私たちはまた、ウィクリフ、神学教育、マス・メディア、キリスト教文書、伝道、海外宣教、教会の刷新、及びその他の特殊分野で労しているすべての団体のゆえに、神に感謝する」

私が奉仕している全日本リバイバルミッションも、ますます教会とともにある宣教会派の一つとして、日本、アジアと、全世界のリバイバルのために、奉仕するよう、献身を新たにするものです。

二、日本における贖いの賜物

「起きよ。光を放て。あなたの光が来て、主の栄光があなたの上に輝いているからだ。見よ。やみが地をおおい、暗やみが諸国の民をおおっている。しかし、あなたの上には主が輝き、その栄光があなたの上に現われる。国々はあなたの光のうちに歩み、王たちはあなたの輝きに照らされて歩む」

（イザヤ六〇章一～三節）

過ぐる京都国際会議場で開かれた世界宣教会議で、世界各国から来られた方々との交わりの中で、日本に対する期待の大きさを、肌で実感させられました。

その一つは、ネパールから来られたロック・バンダリ氏からの挑戦です。ご承知のようにネパールは釈迦の出生地であり、最近、日本の仏教関係者たちが、ネパールの各地に寺院を建てているとのことです。バンダリ氏は、日本のキリスト教会の証しとして、教会堂を、釈迦の出生地に建てないかという大きな挑戦をされました。幸いにも、日本のある教会が、自分の教会の世界宣教の一環として取り上げたいと、申し出てくださったのです。

贖いの賜物

現代日本の蓄積してきた経済力、高度な技術、世界大の活力は、神の目に貴重な霊的資源となりうる素晴らしい贖いの賜物です。

富と権力、堕落と腐敗の暗黒を持つ日本ですが、救い主イエス・キリストの贖いは、その暗黒を逆転させ、光として日本を生かし、主権をもって臨み、祝福の国・日本としてアジアと世界に仕えるものとすることを信ずる者です。

著名な歴史学者、アーノルド・トインビー氏は、その名著『運命をもった都市』の中で、都市ならびに国には、魂になぞらえることのできるものが確かにあると言っています。

トインビー氏は、その国には、その中核をなすような夢が内に宿っていることを見いだすのです。その夢には一般的に良い面と悪い面との両方があるのは事実です。

私たちは、神が日本に対して持っておられるご計画とご目的を深く洞察し、日本に注がれている「贖いの賜物」を見いだし、活用するならば、どんなにか日本は希望に満ちた幻を持つことができるでしょうか。

北緯一〇度／四〇度の窓の中にある世界の未伝地の大部分を占める国々の中で、極東に位置する日本が、富と技術と活力を悪用して侵略してきた過去を悔い改め、アジアと世界と和解し、贖いの賜物をもって仕えていくなら、そこにこそ日本の新しい生きる道が開かれてくるのではないでしょうか。

三．生きた模範に真剣に

初めての中国

著者をキリストの救いに導いてくれたスウェーデンの宣教師は、四十年間中国奥地で主と教会に仕えた末、政治急変によって国外退去を命じられ、日本での新しい奉仕に挑戦したのでした。彼は残してきた中国の教会と聖徒たちのため、絶えず涙のとりなしの祈りを捧げておられたのです。それ以来、私にも中国への重荷が与えられ、一九九五年、初めて中国に導かれました。感動でした。家の教会の重要な指導者たちと五日間、二十五回の聖書研究と霊的交わりの機会が与えられたのです。

今なお生きている初代教会

そこでは、忠実に聖書に立ち、聖書を宣べ伝え、霊魂が続々と救われ、直ちに、指導者たちの教えを受け、それを堅く守り、生きた家の教会の営みの中で、信仰の先輩の生きたモデルによって、整えられ、細胞グループの増殖とともに、入信わずかにして新しい群の指導者を委託され、その務めを立派に果たして、遂には村全体がキリスト者になり、近隣の町村にまで浸透して、六年間で三万人の群れ、千の家の教会が生まれたというのです。

持ち物の共有、日毎の礼拝、信徒たちによる相互牧会、近隣の人々への必要に応じた福音の奉仕、救い、いやし、解放、不思議、奇跡などは、日常茶飯事のように起こり、主の栄光が現され、毎日救われる人々が教会に加えられているというのでした。使徒の働きに出てくる教会が、まさに中国の家の教会に生きているのです。そして、そこには教団、教派はなく、完全にキリスト中心の生きた群があったのです。

福音に生命を添えて

指導者たちと、信仰の先輩たちの生きた模範が、新しい聖徒たちの実地訓練であり、福音の日常生活が、新生して間もないキリスト者たちが福音に生きるための徹底した動機づけとなり、訓練の見習い制度となり、結果として具体的な生きた組織化となり、自分の家から近隣、そして地域全体へと浸透していくというのです。しかも厳格な抑制のもとでの福音の前進です。文字通り、福音に生命を添えたパウロのスピリットそのものでした。そして驚くべきことは、家の教会信徒のこのような生き方への動員率がほとんど一〇〇パーセントというのです。

聖書と聖霊の言われる通りに

一九九〇年から日本の教会の成長に新しい変化が見えてきました。一九五〇年代は、日本基督教団の諸教会が、それぞれの市を代表していました。一九八〇年代は、福音主義聖書信仰の諸教会がその市を代表する教会となったのです。一九九〇年代に入って、聖霊の満たしと賜物、奉仕への油注ぎ、積極的なセル化などによって著しい成長をペンテコステ、カリスマの諸教会にその市町村を生かす教会として見えるようになって来たのです。

栄光溢れる礼拝、新しい賛美、実践的弟子づくり、そして、戦略的細胞グループ教会は成長しているグループの共通した特徴です。中国の家の教会からの教訓から言えることは、牧師、伝道師の教師たちが、聖書と聖霊の導きに生きることに優先順位を置き直すことです。生きた模範になることに、もっと真剣になろうではありませんか。

四．指導者の霊的権威

「高く上げることは、東からでもなく、西からでもなく、荒野からでもない。それは、神が、さばく方であり、これを低くし、かれを高く上げられるからだ」

（詩篇七五篇六～七節）

「わたしがあなたに現われたのは、あなたが見たこと、また、これから後わたしがあなたに現われて示そうとすることについて、あなたを奉仕者、また証人に任命するためである。…それは彼らの目を開いて、暗やみから光に、サタンの支配から神に立ち返らせ、わたしを信じる信仰によって、彼らに罪の赦しを得

させ、聖なるものとされた人々の中にあって御国を受け継がせるためである」（使徒二六章一六、一八節）

神はご自身、人を求めておられました。人も常にその働きのために、指導者を求めてきたのです。神からの霊的権威による指導者が、エペソ人への手紙四章一一節に記されている五つのミニストリー、すなわち使徒、預言者、伝道者、牧師、教師を正しく用いていることは素晴らしいことです。神は指導者を、その人の全生涯の過程を通して造り上げられるのです。

転機的な生きた神体験、不断の神の臨在の現実感、祈りと断食による神からの幻の授受、実践の現場での修練、聖言と聖霊による深い学びなど、牧師の成熟へのタイム・ラインには、神の器づくりの御手のわざが明白です。そのような器には、モーセ、ギデオン、ダビデ、ルター、ウェスレー、ウィリアム・カレーなどがいます。特に、モーセの四十年ずつの三つの区分から、自己能力に生きた時代、自己絶望の時代、そして、神の使命のために、完全に自己放棄し、神とともに神の民に仕えた時代を見ることができます。神は、今も、現代のモーセを求めておられるのです。

指導者の霊的権威と再生

指導者の霊性を害するものは何でしょうか。フラー神学大学院のボビー・クリントン氏が千人にも及ぶ聖書人物、歴史上の指導的人物の生涯分析の結果、共通して明白にされたものは、金銭、異性、高慢、家族、そして成長の止まった横這い症候群でした。

それに対して、指導者の霊性の更新のためには、生きた神との親交、不断の聖言の養い、摂理的神体験、断食の祈り、説教と生活の一致、そして常に自分のまわりに五人から九人の、年長、同年、年少の助言者を持ち、自分も次の指導者とともに生活し、実地訓練を施し、指導者としてのモデルとなることが重要です。霊的権威の再生は、パウロがテモテに勧めているように（Ⅱテモテ二章二節）、指導者の再生の中で達成されるのです。

新世紀を迎えるために、ますます、神の人、神の器、その品性と奉仕に、神の生きた標準の指導者となろうではありませんか。

五. 神の国の拡大

イエスの使命

主は開口一番、「時が満ち、神の国は近くなった。悔い改めて福音を信じなさい」（マルコ一章一五節）と言われました。神の国の到来は、イエス・キリストの使命の中心でした。主の教え、力ある働き、祈りも神の国の真理を明示されたのです。

神の国の真意

神の国ということが指しているのは神の主権・支配であり、神の統治に敵対するすべてのものを滅ぼす神の領域です。サタン、罪、死の地獄の三つの連合勢力は、十字架における最初の敗北、千年王国の初めの底知れぬところ、そして千年王国の終わりの火の池の三つの段階において完全に敗北するのです。

また、神の国は、神が人々をサタンの束縛から解放するために、人々の間に働き、イエス・キリストにおいて神の国の祝福に与らせた神の民の中に見られるのです。これは確かな霊的現実の事実であり、未来の栄光の嗣業です。

神の国の生命が、キリスト者にも、キリスト教会にも、もっとリアルに私たちの間に溢れることを切願している者です。もっと勝利を！　もっと生命を！

●インタビュー

永続する教会をつくるために

～ミニスターズ・フェローシップ・インターナショナル～

ディック・アイバーソン

キリストのからだの一器官として、地域教会が健全に発展していくためには、他の教会との交流が不可欠である。しかし、当然のことながら、教会はそれぞれに多様でユニークな性格を持っている。そのために傷を受け、他教会との交わりに消極的になっている教会も少なくないのではないだろうか。また、教団・教派の背景を持たない単立教会の場合は特に、そのような交わりの糸口をつかみにくい環境にもあるだろう。

互いの違いをプラスに働かせて、成長に結びつけていくための方策はあるのか。そのような問題意識から、超教派の牧師のネットワークとして、米国内外で急成長しているミニスターズ・フェローシップ・インターナショナル（本部・オレゴン州ポートランド）の創立者・代表のディック・アイバーソン師にインタビューを行なった。

はじめに、ミニスターズ・フェローシップ・インターナショナル（以下ＭＦＩ）のこれまでの歩みについて教えてください。

ディック・アイバーソン師：一九五一年に、私は父と一緒にバイブル・テンプルを創設し、一九六一年に、私と妻は父からバイブル・テンプルの主任牧師のポストを引き継ぎました。一九六五年までは、聖霊の素晴らしい傾注がありました。会衆の間で神さまが働かれ、力強い祈りと礼拝がなされていました。教会が始まって約十五年間はまったく成長がなかったのですが、六五年以降に成長が始まり、若い人々が生涯をささげてミニストリーに加わるようになりました。六七年にはポートランド・バイブル・カレッジを始めましたが、それはバイブル・テンプルに聖霊が訪れたことの結果だったのです。

そこで、教会はこの聖書学校を通して指導者を養成するようになり、今日まで続いています。そして、一九七〇年代初頭には、新しい教会を開拓するようになりました。私たちは単立教会でしたから、私たちには教団・教派に属している教会のように、すでにある教会と会衆のもとへ牧師が赴任していくという体制があまり整ってはいませんでしたので、全く新しく教会を始めていくしかありませんでした。そのようにして、一年に三、四の教会を生み出していき、長年そのようなことを続けてきました。

また、私たちは米国北西部教職者会議という集まりを持っていました。毎年、さまざまな団体から、七百人か八百人くらいの牧師が集まって、新しく力を得、リフレッシュされるときを持つことにしたのです。そこで、私たちは彼らに、自分たちが経験していた神の訪れを伝え、神の家を回復するための原則について分かち合い、やがて、指導者のための幅広いネットワークを形成するようになっていきました。彼らは私たちに指導方針についての助言や援助を求めてきました。そこで、私たちが開拓している教会や、私たちのグループに加わってくる教会に対して、より効率よく奉仕することができるために、何らかのシステムが必要だということに私たちは気づきました。このような経緯があって、一九八七年に、ＭＦＩが生まれたのです。これは地域教会のフェローシップ

ディック・アイバーソン師

なのですが、ミニスターズ（聖職者）・フェローシップと名付けることにしました。すべての地域教会は、独立した一つの組織として神によって認められていると私たちは信じていますが、牧師たちが集まることによって、私たちは彼らを助けることができ、彼らは自分の教会をより効果的に牧会することができるようになるのです。

聖書学校のおかげで、私たちには、多くの海外からの学生を訓練する機会が与えられました。日本からも多くの学生が来ています。そして、多くの学生が自分の国に帰って、自分で教会を始めるようになったり、自分の母教会に帰って行ったりしました。

私たちのフェローシップの土台となるのは、人間関係、誠実な人格、そして教理的な一致です。新しくこのフェローシップに入ってくる人々はみな、すでにフェローシップに加わっている人との人間関係を通して入ってきます。また、加入しようとする人々は、加入のためのいくつかの手続きをとらなければなりません。誠実に仕事をしているかどうか、聖さと正義をもって歩んでいるか、といったことが問われるのです。第三には、教理的な一致がなければなりません。私たちは彼らに約三十ページのアンケートに記入してもらいますが、そこでは、細かな相違はさておいて、基本的な部分において、私たちと同じ方向に進んでいるかどうかを確認します。それは、私たちがお互いの教会が信じてもいないことを説教し合ったりして、互いに傷つけ合ったりすることのないためです。

私たちは、特定の教派を作らないようにしています。多くの教派は私たちと同じように、交わりから始まったものですが、後に教派になっていきました。私たちは教派を作らないように、二三つの原則を持っています。

第一に、私たちは牧師の資格証明を行なったり、按手式を行なったりすることはありません。私たちは地域教会を信頼して、自分たちの交わりではなく、彼らに牧師の資格証明を行なってもらっているのです。

第二に、私たちは自前の建物を持たないことにしています。私たちのフェローシップ名義で建物を登録することはできません。というのは、建物を持ち、牧師を経済的にサポートしていくことは、各地域教会がそれぞれ自分たちですべきことだと考えているからです。

第三に、私たちは中心的な宣教ボードを持っていません。つまり、献金を募って、誰をどこに派遣したりするかということを決めたりはしません。各地域教会が、それぞれの宣教プログラムに対して責任を持つことにしているのです。

このように、この三つの原則によって、私たちは教派にならないようにしています。現在は何百人もの指導者たちが参加していますし、ＭＦＩのネットワークは海外にも広がりを見せています。現在もヨーロッパやメキシコ、ウガンダ、オーストラリア、ブラジルなどに広がっていますし、いつかは世界のすべての国々でＭＦＩの働きをしていきたいと願っています。それはひとりで歩んではいきたくない単立教会で、責任は担うけれどもコントロールされたくはないという教会のネットワークを作っていくということです。ですから、この働きはこの教会から始まって、世界に広がりつつある交わりの輪であると言うことができると思います。

教理的一致を保ちつつ、どのようにしたらさまざまな背景の教会をまとめていくことができるのでしょうか。

アイバーソン師：先ほどお話しした、米国北西部教職者会議とＭＦＩの違いは、米国北西部教職者会議ではどのような教理的背景を持った人々でも参加できるという点でした。それは牧師が新たに力を受けるための集まりで、人々はその中で教理的に受け入れられる物は持ち帰り、そうでないものは残しておく、ということができました。それに対して、ＭＦＩのような交わりの場においては、他の団体や組織との教理的一致ということがより重要になってきます。

このフェローシップにおける関係とはどのようなものでしょうか。

アイバーソン師：ひとつは、働きにおいてつながりのあるミニストリー同士の献身的な交わりです。そのような交わりの中では、それらのミニストリーは愛と調和と献身のうちに、共に歩みたいと願っているのです。

もうひとつは、よりゆるやかなもので、たとえばひとつの大きなキャンペーンをしたときに、バプテストやメソジスト、ペンテコステやカリスマなど、あらゆる教派から人々が集まってくるときのようなものです。その時には、たとえば異言を語ることについてといった、教理の一部分において相手と同意できなくても構わないのです。それでも私たちは互いに兄弟ですし、ある教理的なことがらに関する見解が違っていても、お互いに愛し合い、尊敬し合うことはできるのです。私はこれを「部族の原則」と呼んでいます。旧約聖書にはイスラエルには十二の部族があったことが書かれていますが、それでも彼らは一つの民族でした。同じように、今日のキリスト教会にも、バプテストやメソジストやペンテコステ派といった、それぞれ異なる特徴を持つ多くの「部族」がありますが、神さまの御前では、一つの民族、一つの王国に属するものなのです。

MFIの活動の主要な目的はどこにあるのでしょうか。

アイバーソン師：私たちの交わりの目的は、新約聖書の教会に見られるような原則と確信に基づいた、永続する教会を作り出していくことです。新約聖書の教会はどのような働きをしていたのか、その構成要素は何か、といった原則です。そして、使徒の働きの二章は、そのためのおそらく最良のモデルを提供してくれていると思います。それは最初の目に見える形での、「霊の家」の現れだからです。

ご存知のように、ペンテコステの日にペテロが説教をして、キリストこそメシアであること、神がキリストをよみがえらせたことを語りました。人々が「私たちはどうしたらよいでしょうか」と尋ねたとき、ペテロは「悔い改めてバプテスマを受け、聖霊に満たされなさい」と言いました。彼らは教会に加わると同時に献身し、使徒たちの教え、すなわち神の言葉を守り、コイノニアつまり家々にある交わり、今の言葉で言えばスモール・グループの集まりを持っていました。そしてともに祈り、聖餐にあずかり、神を恐れ、しるしと不思議を行い、使徒たちの監督のもとにチームごとのミニストリーを持ち、一致を保ち、宮に集まって神を賛美し続けました。これらすべては、力強い教会を建て上げるために絶対に欠くことのできない重要な構成要素であると私たちは感じています。ですから、MFIは、世界中のあらゆる地域社会において神の栄光を現すような、力強い教会を建て上げることに専念しているのです。

現在MFIに参加している教職者はどのくらいですか。

アイバーソン師：現在この働きは急速に広がっているので、特に海外では、どのくらいの規模で行われているのか正確にはわかりません。アメリカ国内ではおよそ五百人の教職者が参加していますが、年に一〇から二〇パーセントの割合で増え続けています。実際、私たちは何らかのプロモーションや宣伝活動を行なっているわけではなく、牧師同士の個人的な人間関係を通して広がっているのです。たとえば、ある人の友人がある地域の教会の牧師をしていて、単独で進んでいきたくはないと願っているのを知ったとき、その人が、その牧師がＭＦＩに参加する時に保証人になってあげる、というぐあいに進んでいきます。ですから、ＭＦＩは自然な形で成長していると言えます。

ＭＦＩの活動は、どのようにして海外にも広がっていったのでしょうか。

アイバーソン師：まず、ある教会がＭＦＩに参加するためには、その主任牧師がＭＦＩに参加しなければなりません。そうすると、その牧師の教会に関係しているすべてのミニストリー、たとえば、その教会で任命された長老のミニストリーや、巡回伝道のミニストリー、そして海外宣教のミニストリーもすべて、この母教会のつながりのゆえに、ＭＦＩに連なることができるのです。

国際的なつながりということになると、ひとつの国において十分な数の牧師のグループができあがるまでは、それらの国々の牧師たちは「国際牧師」の資格でアメリカのＭＦＩに加わります。そのような形でＭＦＩにつながっている宣教師はたくさんいます。

しかし、多くの場合、海外でのＭＦＩの発展は、国家的レベルで起こっています。たとえばヨーロッパの例を挙げれば、約三十人の指導的な牧師がいて、その一人ひとりが、ポルトガルやドイツやオランダなどで、それぞれ十五から二十の教会とのつながりを持っています。そして彼らは、十数人からなる使徒的働き人の委員会をつくり、アメリカの私たちが働いているのと同じ原則を用いて、ＭＦＩヨーロッパを形成しているのです。このように、私たちの国際的な活動の大部分は宣教師によるものではなく、それぞれの国の地域教会の牧師によるもので、彼らは私たちの交わりに加わることもできますし、あるいは彼ら独自のＭＦＩを形成していくこともできるのです。

ＭＦＩの具体的な活動内容について、もう少し詳しく

教えてください。

アイバーソン師：第一に、私たちが「地域部会（Regional）」と呼ぶ部門があります。アメリカの例を挙げさせていただきますが、ここで働いている原則は、どの国や地域にも当てはまると思います。アメリカには十の地域部会があり、一年に一度、その地域に住むすべての牧師が集まって、二日半の間、ホテルでともに過ごし、語り合い、恵みを分かち合い、その時々の特別な議題について話し合います。たとえばここ何年か、私たちはリニューアルについて話し合ってきました。それがどのように働くのか、それにどのように対応したらいいのか、何に注意したらよいのか、といったことです。

第二に、年に一度の総会があります。これはアメリカにいるすべてのメンバーが、大きなホテルの会場に集まるものです。

その他には、「シード・バッグ（種入れ）」と呼ばれるプログラムがあります。これは年四回開かれるもので、そこでは本やテープ、論文といった、指導者向けのさまざまな資料が提供され、最新の情報が交換されます。

私たちには、教会を励ます目的でフリーダイヤルのサービスを行なっています。また、教会向けに雑誌も出していますが、それは信徒の読者をより意識したものになっています。その他のさまざまな問題解決のために、現地に出向いて行くなど、使徒的な働きをするミニストリー・チームが常時働いています。

私たちの活動は多岐にわたっていますが、私たちが第一に追求しているのは関係づくりです。ただリストにメンバーの名前を載せるのではなくて、この交わりに属するすべてのメンバーが、誰かと親密で温かい、家族的な交わりを持つことができるようにしようとしているのです。

Dick Iverson
オレゴン州ポートランドにあるシティ・バイブル・チャーチの前身、バイブル・テンプルの創立牧師（現在の牧師はフランク・ディマジオ師）。夫人とともに40年以上牧会の働きに携わった後、現在は超教派の働きに専念している。*Building Churches That Last* , *Team Ministry, Maintaining Balance, Holy Spirit Today, Present Day Truth*（City Bible Publishing）ほか多数の著書がある。

祈りのサミット

ジョー・アルドリッチ

一致を求めて

ある特定の地域において、どうしたら神の御業を始めていただき、それを維持することができるか。これは、長年私が取り組んできた課題でした。ある働きを始めることは簡単ですが、それを継続することは難しいのです。

私は自分の住んでいるオレゴン州ポートランドで一九九二年に行われたビリー・グラハム・クルセードの委員長をさせていただきました。それは素晴らしいときで、今まで知らなかったクリスチャンの方々も参加して、ともに働くことができました。けれどもそのクルセードが終わると、みなはネズミが自分の巣に帰るように、めいめいの小さな家に帰り、ふたたび一緒に働くことはありませんでした。みなを一つにしていた力はなくなってしまったのです。

このような中から「祈りのサミット」が生まれてきました。それは、ある特定の地域において、さまざまな信仰的背景を持った牧師たちが集まって、何日間かともに礼拝の時を持つというものです。祈りのサミットの唯一の目的は、牧師たちが神とその御国とその義とを探し求めることです。それによって主は彼らを導き、へりくだりといやしの体験を与え、彼らは感情においても、意識においても、また働きにおいても一致できるようになります。

なぜ牧師たちは一緒に働かないのでしょうか？　なぜ一致が生まれないのでしょうか？　この問題を追求して

いくと、最後には私たちはみな自己中心的なのだという事実に突き当たります。人間はみな、生まれつき何らかの王国を築き上げようとするものですが、私たちが建国しようとしているのは、神の王国ではなくて、自分の王国なのです。

そこで、私は、謙遜にならなければならないということを理解し始めました。謙遜という性質は、神の祝福を引きつけるものだと思えるのです。謙遜の反対は高慢です。高慢は神の裁きをもたらします。神はいつも高慢には対立されます。それでは、どのようにして地域の牧師たちが協力して働くように導くことができるのでしょうか。彼らはそれぞれ自立しており、その地域でそれぞれの教団を代表している人々なのです。

まず最初のステップとして、へりくだらなければなりません。けれども、どのようにしたら人々がへりくだるように導けるのでしょうか。私の考えでは、それは神のきよさによって始められるものです。そのためには、牧師たちが何時間もただ賛美をささげ、礼拝し、神をあがめることができるような環境を作り出さなければなりません。ただ集まり、神の御霊がその時間をまとめてくださるようにゆだねるのです。そこでは誰も説教をしませんん。どんな講師も音楽奉仕者も立てられることはありません。一日に百曲賛美するとしても、音楽はいらないのです。そこには責任者もいません。三、四時間のあいだ、人々は神の御前で砕かれる体験をします。そしてただ自分の心を注ぎ出し、赦しを求め、神との和解とお互いの和解を願い求めるのです。

ある祈りのサミットで初めて聖餐式を持ったときのことです。ある立派なカリスマ派の教会の牧師が、「私たちはこの聖餐にあずかることはできません。私たちはお互いに罪を犯してきたからです。私たちはお互いのミニストリーの足を引っ張り合ってきました。お互い、言う必

Joe Aldrich
ダラス神学校卒。米国オレゴン州ポートランドにある、マルトノマ聖書大学、マルトノマ聖書神学校、インターナショナル・リニューアル・ミニストリーの長をそれぞれ務めるが、1997年春に名誉退職。祈りのサミットの創始者。著書に*Lifestyle Evangelism, Reunitus: Building Bridges To Each Other Through Prayer Summits, Gentle Persuasion*（いずれもMultnomah Books）等がある。

要のないことを言い、真実でないことを語ってきました。私たちはみな、ふさわしくない仕方で聖餐式にあずかってはならないことを知らなければなりません。集まってともに聖餐にあずかる前に、私たちにはしなければならないことがあると思います」と言いました。そこで私は二時間のあいだ、お互いに罪を告白し、赦しを求めるときを持つことを提案しました。それは心が砕かれ、へりくだらされるときでした。私たちが主の御前に砕かれたとき、突然、洗礼を浸礼で行うか滴礼で行うかなどのお互いの違いは重要ではなくなったのです。そこで和解がなされました。謙遜は一致に先立ち、きよめは謙遜に先立つのです。つまり神のきよさに触れる経験によって心が砕かれ、謙遜が与えられ、それから一致について話し合うことができるようになったのです。一致についての話し合いがなされると、私たちは共同体、つまり信仰による共同体を立てあげることについて話し合うことができるようになります。そしてもし私たちが信仰の共同体を形成することができれば、私たちは地域に対して影響力を持つことができるのです。

一致とは何か

ところで、私は長い間、一致とは何かということについて思いめぐらしてきました。新約聖書で一致ということについて用いられているギリシャ語は二つあるのですが、そのような用語法そのものよりもっと力強く一致について述べている個所は、ヨハネの福音書一七章のイエスさまの言葉です。主はこう言われました。「わたしのものはみなあなたのもの、あなたのものはわたしのものです」（一〇節）。私たちもこれにならってこう言うべきです。「私のものはみなあなたのもの、あなたのものは私のものです」。使徒の働きの二章では、「信者となった者たちはみないっしょにいて、いっさいの物を共有にしていた」（四四節）と書かれているのを思い起こしてください。彼らはそれぞれの必要に応じて、互いに持ち物を分け合っていたのです。そこで、世の人々がこの姿を見たとき、彼らに好意を持ちました。聖書には、「すべての民に好意を持たれた」（四七節）と書かれています。そして神は救われる人々を毎日起こしてくださいました。なぜなら、その地域自体に神さまご自身の現れがあったからなのです。

旧約聖書において、イスラエルの統一王国の黄金時代には、エルサレムは世界の注目を集めた都市でした。そこには一致があり、神がそこに住んでおられたのです。ソロモンが神殿を建てたとき、世界中から人々がやって来ました。地上のあらゆる民族がこの地にやって来ては、そこで何が行われているのかを見ようとしたのです。なぜなら、短い期間ではありましたが、神の民を通して、正義とあわれみと愛と思いやりが実現し、それらすべての神の御性質が、異邦人にも示されていたからです。ソロモンは、神殿の奉献式のときに、とても重要なことを言っています。「もし異邦人が来て、神殿の前でひざまずいて祈るなら、その祈りに答えてください。そうすれば、その異邦人は、神を個人的に、また愛をもって知ることになるでしょう」（Ⅰ列王記八章四一～四三節、Ⅱ歴代誌六章三二～三三節を参照）。これは一つの模範的な祈りです。

しかし、ソロモンの死後、イスラエルが南北に分裂すると、今度は主の民は逆に、世界の人々の嘲笑の的となってしまったのです。

エゼキエル書の一六章で、主がイスラエルを花嫁にたとえていることを思い起こしてください。父なる神は、血に染まった彼女が、へその緒も切られないまま野原に捨てられ、自分の血の中でもがいて、死にかけているのを見つけました。主は彼女を救い出して回復させ、そして彼女に恋するようになりました。彼女は年頃になり、主は彼女と結婚されました。彼女は神の花嫁となり、神がご自身の栄光で彼女をおおったため、彼女の輝きは全地に広がったと書かれています。けれども、彼女はそれが神の栄光であることを忘れてしまいました。彼女は遊女になり、神は「イ・カボデ（栄光が去った）」と語り、天に帰ってしまわれました。ここには、分裂した神の民の悲惨な姿があります。

今度は新約聖書を見てみましょう。そこに何を見いだすでしょうか。ふたたび、花嫁が出てきますが、そこには神の民、すなわち教会の一致を見て取ることができます。使徒の働きの二章に出てくる教会の姿は、このような一致のモデルとなるものです。キリストの仕事とは何でしょうか。ご自身の花嫁を養い、いつくしむことです。なぜでしょうか。それは主が教会をしみやしわやその他のものの一切ない姿で、ご自身の前に立たせるためなのです。

多くの教派に分かれていたとしても、ポートランドにはキリストの花嫁としての教会は一つしかありません。

地域社会の人々がこのことに気づき始めると、彼らは物事を正しくとらえることができるようになるのです。

祈りのサミット

最初の祈りのサミットは、ポートランドから車で一時間ほど南に下ったところにある、セーラムという町で行われました。私はこれが大失敗に終わったとしても、誰も私を責めることのないように、できるだけポートランドから離れたところで行おうと思ったのでした。

私は地域にあった三つの別々の牧師の朝祷会に出席して、「あなたたちも参加して欲しい」と無理に頼み込みました。すると彼らはこう言いました。

「そこで何をするのですか？」

「わかりません」

「わからないとは、どういう意味ですか？」

「ただその場所に行って、四日間、主に導いていただくのです」

このことは彼らがそれまで経験したことのないことで、何が起こるのかわかりませんでした。しかし、もし神の御霊が導いてくださるのなら心配する必要はない、という結論に達し、参加してくれたのでした。

そこには、すべての主流派の教会が集まりました。カトリックの司祭も何人かいましたし、カリスマ派の人々も非カリスマ派の人々もいました。私たちはこう言って始めました。「ただ神さまの臨在の中に入って、礼拝をささげましょう。その他のプログラムはありません。ただ主を礼拝しましょう。歌いたくなったら、歌い始めてください。聖書を読むように促されたら、読んでください。祈りたくなったら、祈ってください。私たちは新米クリスチャンではなく、ベテランなのですから」。その集まりは、ただそのようにして始まりました。いくらも経たないうちに人々は床にひれ伏して、ただ神に叫び求めるようになりました。あるカリスマ派の兄弟がこう言っていたのを覚えています。「神さま、私はからっぽです。無力です。聖霊の新しい満たしを必要としています…」。私はカリスマ派ではありませんが、反カリスマ派ではなく、むしろ親カリスマ派だと言えるでしょう。しかし、この牧師はその地域ではひとかどの教会を牧会していたのですが、そのような彼でも神の御前に、自分は刷新される必要があると叫び求めているのを見ることは、私にとって良い経験になりました。またカリスマ派の人々にとっても、カリスマ派に特徴的な行為や可視的現象のいくつかが欠けていたとしても、これほど力強い神の臨在が表されるのだという経験をすることは、良いことでした。ですから、それは非常に重要な、学びの経験だったのです。

私はこれまで、多くのこのような祈りのサミットをしてきましたが、まだ一度も人々が教理について議論するのを聞いたことがありません。これまでに行なった四百か四百五十くらいの祈りのサミットの中で、そのようなことが重要な問題になったことはなかったのです。私たちが決めなければならないのは、どうしたら協力できるか、どうしたら交わりを持つことができるか、そのようなことがらなのです。イエスさまが主であること、聖書の無謬《むびゅう》性または無誤性、天国へ行く唯一の道が、私たちの救い主イエス・キリストの赦しを通してであることを信じるクリスチャンなら誰でも、私の兄弟なのです。再臨の時期はいつであるかとか、用語法については意見が食い違うかもしれません。「私は『無誤性（inerrancy）』は認めないけれども、『無謬性（infallibility）』なら認めます」と言う人がいるなら、「いいですとも。では『無謬性』でいきましょう」ということになります。私たちは戦いのさなかにいるのであって、長々とした教理の概説書を作っている暇はないのです。戦時中には、簡潔な神学的声明があれば十分なのです。天国に行った後でなら、長い教理書を書くこともできますし、あらゆる問題について議論することができるでしょうが、私にはそれが重要なこととは思えません。

とにかく、このようにして祈りのサミットは始まりました。そのときのサミットが祝福されたので、それをもう一度やってみることにしました。私たちはいくらも経たないうちに、アメリカ西海岸をあちらこちらと飛び回るようになりました。

一九九八年にはオーストラリアでも祈りのサミットを持つようになり、六十七人の牧師が参加しました。オーストラリアの教会の歴史の中で、そのようなことがなされたことは、それまでになかったのです。あらゆる大都市へ出向いて行きましたが、そこでは二回、三回…と祈りのサミットが続けられています。エルサレムでも何回か祈りのサミットが開かれています。最初の祈りのサミットは、カルメル山の頂上で行われました。およそ四十五人の牧師が集まりましたが、その半分はアラブ人、半分はユダヤ人の牧師でした。彼らがともに集まっているのは一見の価値のあるものでしたが、今ではそのサミットは四回目か五回目くらいになっています。

神の御業

このように、祈りのサミットは牧師たちを結びつけるものです。ほとんどの場合、彼らはサミットの後に、大きな祝会を開いて、さらに親交を深めます。私たちがポートランドで最初のサミットを開いた後にも、大祝会を開きましたが、一万三千五百人の人々が集まったため、そのうち二千人には帰ってもらわなければならなかったほどです。その晩、ビリー・グラハムを除いては、どんな有名な講師も、有名な音楽家の名前も口に出されることはありませんでした。たとえば誰か上手な歌手が歌いたいと言えば歌ってもらいましたが、彼の名前や有名な歌手であるということを、人々に紹介することはしませんでした。私たちはその歌手にではなく、主に目を向けてもらいたかったからです。

私たちはこのような祝会を二、三回持ちましたが、ついにはその人数は一万六千人に達しました。そのプログラムはとてもシンプルなもので、人々には、神さまをこれこれの場所に迎えましょう。そして、あなたもそこで神さまに出会いたければ、来てください、と言って招待するだけです。

このような祝会が、ポートランドだけでなく各地で行われ、軍の基地があるブレマートンでは六千人、スポケーンでは三千人が集まりました。また、九八年の夏にシアトルで行われた集会では、五十二の教会が日曜礼拝を合同で行うことにして、公園に集まりました。その礼拝には、およそ二万人の神の民が、ただ神を礼拝するために集まり、ともに時を過ごしたのです。

また、祈りの歩行や地域のための祈りも始まりました。ポートランドの地域だけでも、そのようなグループが十から十五あって、毎週祈っていますが、そのほとんどは祈りのサミットの働きの外から生まれてきたものです。神は祈りに答えられるのです！　これは驚くべきことです。そこでは、神の御霊が人々を通して働き、彼らに触れ、彼らを引き上げ、励まし、強めるのを見ることができます。

私たちは肉体のいやしも体験しました。私たちはこれみよがしの派手なミニストリーをしたわけではありませんが、それでも神は実際に人々に触れ、実に多くの方法でいやしを行われました。

また、神の赦しは得ているけれども、解放されていない多くの人々がいました。ヨハネの第一の手紙の一章九節にしたがって言うなら、彼らはきよめは受け取っていても、まだ束縛の中にあったのです。多くの人々はポルノに捕らえられていて、千回も赦しを求めていました。そのような罪を犯したときに、彼らは赦しを願い、その赦しは与えられるのですが、解放されたわけではありません。イエスさまは、互いに罪を告白し、いやしを求めて祈りなさいと言われました。そのようにしていくとき、ある人が、ポルノに耽溺《たんでき》する罪を赦されるだけでなくて、そこから解放されるという、心躍る光景を目にすることができるのです。私たちはいつもそのような体験をしています。そういう人物は後で戻って来てこう言います。「あの悪習慣はなくなってしまいました。もう戻って来ません。神さまが解放してくださったのです」

次のような告白をした人のことを覚えています。「私は六十二年間、心の奥深くに隠してきた秘密があります。サタンはそれを用いて私を痛めつけてきました。私は農場で働いていた少年のときに、獣姦をしていたのです」考えてもみてください。六十二年間です。この束縛は、彼を全く叩きのめしてしまいました。彼が神に近づこうとするといつも、この恐ろしい記憶がよみがえってきていたのです。

このような解放の働きに携わるのは楽しいことです。部屋の中央に椅子を置き、解放を求める人を座らせ、十人から十五人くらいの人々が周りを取り囲んで祈ります。その人自身も心の罪を言い表し、心を注ぎだして祈るとき、本当に力強い御業が起こるのです。

その実践

ポートランドでの最初の祈りのサミットには、およそ百六十人が集いました。それからおよそ一年後にビリー・グラハム・クルセードを控えていたため、初回にもかかわらずこのような人数が集ったのですが、ふつうは五十人から六十人くらいの規模でやっています。私たちがとっている標準的な方法では、「限界質量」、すなわち、祈りのサミットを行うための最少人数というものがあります。小さな地域においては、そこにいる牧会者の三分の一が参加することが望ましいです。悲しいことですが、祈りのサミットをしようとしても、そこには牧師が十人しか来なかったので、その集会を中止しなければならないこともありました。八人か十人くらいの人数で、一日に百曲を歌うのはかなり大変なことです。もし月曜日から木曜日までその集会を続けでもすれば、みなが十分に、それぞれが関心のあることや祈りの課題を分かち合い、恵みを受け、励ましを受けても、時間が有り余ってしまうのです。ですから、私の考えでは、最少限十八人から二十人くらい集まることが望ましいと思います。私たちは四十人から五十人くらいの規模の祈りのサミットをたくさん行なってきましたが、そのぐらいの規模だと、とてもやりやすいものです。

けれども、本当に大切なことは、そこに参加した人々が無二の親友になって帰っていくことです。それまでは彼らは、すぐ近くに住んで説教をしていたのに、違う建物に住んでいるというだけで、お互いを全く知らなかったのです。けれども今や突然、彼らは友人になるのです。

初期の頃に行なった祈りのサミットの一つに、ワシントン州のベリングハムで行なったものがありますが、そこでは三十人から四十人の人々が、その地域の保養センターに集まりました。彼らはそれからも何度か祈りのサミットを行なっていますが、彼らがそこでわかったことは、これを続けなければならないということでした。彼らはそれが自分たちの助けとなるもので、一年に一度か二度、ある程度の期間定期的に集まることによって、霊的な命を保ち続けることができるということがわかったのです。そこに参加していたある牧師は、年に三回その保養センターを借りて、自分の会衆の三分の一の人々を呼んで集会を開きました。彼らはそこに行くと、朝早く起きて一日一緒に過ごします。彼らは子どもも連れて全員で参加します。基本的にそこでは祈りのサミットがなされ、それから子どものためのプログラムやその他のことを行います。それから後の二週間、彼らは日曜日の朝に別の人々を連れてきて、同じことを体験してもらうのです。

多くの人々は、本物の礼拝というものをほとんど、あるいは全く体験したことがありません。人々は神の臨在に飢え渇いているのに、牧師たちは信徒らに臨在の中にいるための十分な時間を与えていないのです。二曲歌を歌うと次には報告があり、それから聖書朗読、それから祈り…等々のプログラムが続いていき、自分たちに何が必要なのかさえ気づかずにいたのです。そのような人々も祈りのサミットを通して、本当に主を礼拝するとはどのようなことかを知るようになっていきます。

祈りのサミットではどんな講師も立てないのですが、あるとき、参加者の中にハワード・ヘンドリクス（センター・フォー・クリスチャン・リーダーシップ所長。ダラス神学校教授）がいました。彼は講師としては一流で、すべての人に尊敬されています。その会の中で、私たちは、主がそれぞれの家族や妻たちのために働かれようとしておられると感じました。そこで神がいやしをなされ、人々に触れようとされているように思われたのです。そこで私は彼に、「ハワード、聖霊さまは家族や家庭、そして結婚生活の領域で働かれようとしているような気がするのだが、私たちが夫としてまた父として、果たすべき役割を理解する助けとなるようなことについて、いくつか鍵となるようなことを分かち合ってもらえないだろうか」と言いました。そこでハワードは結婚と家庭の領域の権威について、また、何をすべきかについて語ってくれました。そのときの学びは素晴らしいものでした。人々はその話を一言も聞き漏らすまいと、真剣に耳を傾けました。と言うのは、彼らは自分たちが夫として失格であり、妻たちをないがしろにしてきた、ということを、泣いて祈りながら認めていたからです。このように、ときにはある人物に情報を提供してもらうことはありますが、その場合にも、彼らに前もって依頼しておくということはありません。

その成果

祈りのサミットを始めてから、地域の伝道活動がどのように影響を受けたかということについて、最後にいくつかの例を挙げたいと思います。

ポートランド郊外の小さな町に住んでいるディードックという牧師は、二百人ぐらいの教会を牧会していましたが、それは田舎にしては大きな教会でした。しかし、私たちがセーラムでの最初の祈りのサミットを行なったとき、彼はそこに参加していたのですが、そのとき主は彼をとらえて、次のようなことを彼に示されたのです。「わたしの家は聖書釈義の家ではない。また説教の家でもない。わたしの家は祈りの家である」。これこそ、ミニストリーの出発点であり、目標でもあるのです。彼は「わかりました。私はこれから祈りの人になります」と答え、神の恵みによって祈りの教会へと変えられていったのでした。彼はその教会で、一週間に十二の祈祷会を始めました。驚くべきことに、今では彼の教会には、毎日曜日に千二百人から千四百人の人々が集まり、新しい施設が必要となり、今建設中です。彼らの教会が満員になったのは、この牧師が祈りを真剣に受けとめるようになったからなのです。

私たちはしばしば、このようなことが起こっているのを目にすることができます。教会の人々がこう言い始めるのです。「私たちは祈りの教会にならなければならない。私たちは説教中に牧師先生のために祈らなければならない。誰かが土曜日の夜に教会に来て、会衆席の間を歩きながら、次の日の礼拝のために祈らなければならない」教会には祈りによって宮をきよめる人々が必要なのです。

また、ある若い牧師が、それまでの一年間に起こったことについて証しをしてくれました。彼は新しい教会に赴任したばかりだったのですが、そこには神の御霊の臨在が全くありませんでした。ある日彼は苦しみの余り、彼の祈祷室で祈り始めました。「主よ、何が問題なのでしょうか。どうしてここにはあなたの臨在がないのでしょうか?」。そのときに彼は幻を見せられました。その中で、彼は教会の通路を歩いていました。そして、彼が聖餐式に使う机の前にひざまずいて、暖炉の鉄格子をはずして脇に置き、床下に手を伸ばして、何かをつかんだところで、その幻は終わりました。彼の話では、その幻はあまりにも現実味を帯びていたので、その幻を見て喜んだのを、秘書に見られはしなかったかと思ったほどだそうです。

彼は幻で見せられたその教会の通路を歩いていって、ひざまずき、床下から箱を取り出しました。すると、その箱の中には、ポルノがぎっしりとつまっていたのです。前任者の牧師が、ここなら安全と思って、それを隠していたらしいのです。彼はこのことを大々的に報じて、地域社会に暴露すべきか、それともそれを個人のプライバシーの領域にとどめておくべきか、迷いました。そこで、彼は長老たちを全員集めて、彼らの意見を聞きました。すると、「教会の四隅に立って祈りによってこの場所をきよめましょう」という意見が出されました。そこで彼らはそのようにしました。次の日曜日はさながらペンテコステの日のようでした。神の御霊がその教会に注がれたのです。このことが起こったのは、彼が祈りのサミットに参加して、神が生きておられ、多くの不思議をなされるということを知り、もし聖書的な原則に従うなら、彼のようなただの若者をも祝福してくださるということを学び、励まされたからなのです。

サミットの参加者がそれぞれの教会に帰って行って、彼らの過去の問題を扱うようになってから、多くの出来事が起こっているのを私たちは見ています。ある教会は十年前の出来事にまでさかのぼって問題を取り扱いました。実際、それは現在の牧師が赴任してくる以前のことでした。そこではその前任者の牧師とその仲間が、副牧師の一人とその家族をひどい方法で解雇したために、彼の子どもたちは、「これがキリスト教だって？　もうたくさんだ！」と言って、みな主から離れてしまいましたし、彼の妻はほとんど神経衰弱になってしまっていました。

その若い牧師は赴任したときに、この問題に人々の注意を向けさせました。彼は言いました。「みなさん。私たちはこの問題を取り扱わなければなりません。これは間違ったことです。和解がなされるまで、神さまが私たちを祝福されることはないでしょう」。和解がなされるときには、いつも神の力が解き放たれます。そこで彼は役員会にその問題を持っていきました。役員会はこのことを正しく処理すると答え、その解雇された牧師に、失われた給与を償うために三万か四万ドルを支払い、彼の子どもたちを呼んで、公に謝罪しました。すると家族全員が変えられて、主とともに歩むようになりました。このことも祈りのサミットから始まりました。このような人々の人生において主が働かれる実際のかなめとなるのは、いやしだからです。

このほかにも、シアトルでは日曜日の朝に、五十二の教会が集まりました。これは神が本当に働かれていることの証拠です。ポートランドから少し離れたところにあるコーヴァリスという町でも、素晴らしいことが起こっています。そこでは主の御霊が働いておられるのを感じることができます。彼らは定期的に集まり、町の中で強い指導力を発揮しており、一致して働いています。

このように、ヨハネの福音書一七章の内容に忠実に従っていくときに、素晴らしいことが起こっているのを見ることができるのです。

神の使徒的目的

～教会の使徒的改革～

クリス・ロバーグ

「たといあなたがたに、キリストにある養育係が一万人あろうとも、父は多くあるはずがありません。この私が福音によって、キリスト・イエスにあって、あなたがたを生んだのです」（Ⅰコリント四章一五節）

私は長い間、この良く知られた聖句でパウロが正確には何を言おうとしていたのか、思い悩んでいました。私たちが文字通り家庭の父親となり、そしてイエス・キリストの力によって天の父に似た者になるように、と指示しているのだと理解していたこともありました。

けれども、神が一九九六年に私を日本に遣わされたときに初めて、この御言葉の深い意味と、ここでパウロが何を言おうとしているのか、ということについて、私は理解するようになりました。日本は古い歴史を持ち、複雑な国ですから、関西に住むようになってまだ日が浅い私は、日本文化の専門家とはとても言えません。しかし、祈りと断食という苦闘を通して、いくつかのことを理解することができるようになりました。その一つには、この素晴らしい国を福音という観点から眺めたときに、日本は物理的にも、霊的にも、父親的な存在を必要としているということです。

パウロは、一握りの素人たちがイエス・キリストの福音を地の果てにまで広めていくためには、父親的な存在としての権威と油注ぎが必要だということを理解していました。彼らが必要としていたのは、教師や指導者ではなく、父親だったのです。世界を変革しようとする人々には、心の痛む出来事や落胆、恐れ、ひどい仕打ち、無理解、さらには死や殉教にさえ直面することが予想されました。彼らが大宣教命令を達成し、敵の猛攻撃にうまく立ち向かうためには、自分たちを助けてくれる父親的な心、油注ぎ、そして何よりも権威が必要だったのです。

神は使徒的な目的を持っておられる

天の下では、何事にも定まった時期があり、すべての営みには時がある。
生まれるのに時があり、死ぬのに時がある。
植えるのに時があり、
植えた物を引き抜くのに時がある。
殺すのに時があり、いやすのに時がある。
くずすのに時があり、建てるのに時がある。
泣くのに時があり、ほほえむのに時がある。
嘆くのに時があり、踊るのに時がある。
石を投げ捨てるのに時があり、
石を集めるのに時がある。
抱擁するのに時があり、
抱擁をやめるのに時がある。
捜すのに時があり、失うのに時がある。
保つのに時があり、投げ捨てるのに時がある。
引き裂くのに時があり、縫い合わせるのに時がある。
黙っているのに時があり、話をするのに時がある。
愛するのに時があり、憎むのに時がある。
戦うのに時があり、和睦するのに時がある。

（伝道者三章一～八節）

今は使徒的な働きがなされるべき時です。この聖書個所は、全世界の教会が理解しなければならない偉大な真理の一つなのです。ご承知のように、古い皮袋に新しい

Chris Roberg
1996年、神からの召命を受けて、スティーヴン・アレン博士の牧会する、ワシントン州スポケーンのハーベスト・クリスチャン・フェローシップより、家族とともに日本に遣わされる。牧師としての働きのほか、作曲家、ワーシップ・リーダー、教師としても活動。最近宝塚市に新しく教会としてZuka Christian Praise Center を開拓。

ぶどう酒を入れることはできません。神はご自身の指導者たちに、教会、また失われた子どもたちに、新しいぶどう酒を注ごうとしておられるのです。

教会は「牧師的秩序」から「使徒的秩序」への大きな移行期にあります。そのような変化は、全世界で、人々の日の前で起こっており、既成の教会にとってはいくらか居心地の悪さを感じさせるものかもしれません。ですから、このことについてある人々が神経質になったり、あるいは怒りを感じたりする人が出てくるのも不思議ではありません。

教会を建て上げるのは神の働きであって、このような牧師の油注ぎから使徒の油注ぎへの移行を生み出されるのも神なのです。牧師たちが使徒的な働きに移行していくにつれて、役割も変化してきています。あらゆるところで神の器たちは、彼らの人生における神の召命を認識し、それに応答し始めています。特に教会の中で最初にこの変化に対応しなければならないのは、主任牧師です。

今日、教会の「ギア・チェンジ」が起こりつつあります。神は教会の指導者たちが、主ご自身の働きに合わせてギアを変えていくことを望んでおられるのです。このような変化を受け入れることは、多くの人々にとっては簡単なことではなく、困難な場合もあり、ある人々にとっては不可能だと思われるのです。

牧師的秩序と**使徒的秩序**の違いを理解することは重要です。すべてを網羅することはできませんが、そのいくつかを以下に述べたいと思います。

牧師は人々と、その必要を関心の中心に置きます。使徒は人々が各自の人生に対する神の召命と目的を中心とするように教えます。

使徒的な牧会とは、人々の重荷だけでなく、主からの重荷も担うことです。そのためには牧師は信徒たちが自己中心から離れて、神の国のライフスタイル、神の国の優先順位、神の国の視点を持つようにと導いていかなければなりません。

神の民が救われたのは、一生涯人の世話になって生きるためではありません。神の民が救われたのは、神の御旨と目的のために用いられて、この地に対する主の御心を行うためなのです。

牧師的秩序は人々を愛し、養い、彼らを太らせます。

使徒的油注ぎは人々が筋肉をつけるように、彼らを訓練します。

牧師は自分の群を愛します。そして機会があればいつでも彼らを養い、祝福したいと思っています。羊飼いは羊が草を食べるのに最良の牧場を探すために、膨大な時間を費やすのと同じように、牧師はその群のために時間を費やし、牧者となります。その努力によって群の羊が霊的にまるまると太ってくると、それで自分たちの務めを果たしたと感じてしまいます。しかし、使徒的秩序にあって、関心の中心となるのは霊的な筋肉なのです。それは信徒たちにチャレンジを与え、神の民が神の役に立つようになり、効果的に仕える者となるように励ますことです。

私はワシントン州スポケーンにあるハーベスト・クリスチャン・フェローシップのスティーヴン・アレン博士が指導する、「ジェネレーショナル・ミニストリー・フェローシップ（GMF）」という、アメリカにある教会の使徒的ネットワークに属しています。このネットワークに加盟している教会のビジョンは、教会に使徒的な働きが回復されることと、父親的な油注ぎのメッセージを通して国中にいる次世代の若者の心に触れることです。

GMFに加盟しているいくつかの教会では、大人を対象とした「契約のための召し」という一年間の人格形成プログラムを行なっています。ここでは、各信徒は率直に心を開いて自分自身と向き合い、神が彼らの世代に持っておられる目的を達成するために必要なさらなるきよさへの召しに応えるようにと自らにチャレンジを与えます。このようなプログラムは、その働きから言って使徒的なものと言えるでしょう。すなわち、父なる神に仕えることができるようになるために、霊的体重を増やしていくのです。

このように、教会が牧師的秩序に従って動かされているなら、そこには**会員**が生まれてきます。使徒的秩序に従って動かされているなら、そこには**弟子**が生まれてきます。

牧師的な秩序においては、指導者たちは人々に奉仕するための責任を負います。使徒的秩序においては、人々はチャレンジを与えられて、各自の生活における必要については、自ら責任を持つようになります。

先に述べたように、移行期には困難をおぼえる人々もいることでしょう。しかし、牧師が自ら変わり、ギアを使徒的働きに動かすなら、父なる神ご自身が、教会全体に使徒的働きに移行していく恵みを与えてくださるのです。

使徒的な牧会者は人々を奉仕のために整えます。彼らの関心は、人々を十分成熟させることに向けられていますす。ですから、そのように使徒的務めをゆだねられた牧師によって、人々は人生について多くのことを示され、神の御旨を行うことができるようになっていくのです。

牧師的秩序は現状維持を指向しています。使徒的秩序は成熟に焦点を当てています。

牧師的秩序においては、しばしば会衆の問題を取り扱うことに全精力が費やされてしまうために、人々の心に新たに火をつける働きよりも、持っている火をも消してしまう結果をもたらします。

使徒的油注ぎの目的は、怠惰な信徒の応急処置をすることよりもむしろ、人々が永続的な展望を持ち、一人ひとりの人生が**真に**変えられることです。

使徒的秩序が最も強調するのは、父なる神は人々が「キリスト教信者」から「神の息子・娘たち」へと変えられることを望んでおられる、ということなのです。

牧師的働きから使徒的働きへのこのような移行を受けとめるために、準備ができていますか？　偉大な使徒であるイエスさまに目を向けていますか？　自分たちの伝統や肩書きを捨て去る用意がありますか？

このような変化は、大地震のごとく霊的に教会を揺り動かします。そしてこのことによって新しい秩序がうち立てられるのです。そして、**使徒的秩序に完全に移行していくためには、使徒的ミニストリーとは何かということを理解する必要があるのです。**

私は使徒ではありません。けれども、私は使徒的な人間であり、使徒的な権威と油注ぎを受けた父親的牧師のいる、使徒的教会から遣わされたのです。私が「使徒的改革」ということについて持っている知識・真理は、過去二十五年の間に、私の霊的父親であり、使徒的牧師であるスティーヴ・アレン師から学んだものです。私は師の人生における、心躍ると同時に、時には苦しみに満ちたものでもある変化を見てきました。また私は、スティーヴ師が、まるで大型の大洋航路船を扱うように、ゆっくりと念入りに私たちの教会の進路を変えてきたのを目にしてきました。私は母教会のハーベスト・クリスチャン・フェローシップにある神の家族を誇りにしてきましたが、それは彼らの人生にも同じような素晴らしい変化が明らかに起こったのを見てきたからです。

また、教会として、牧師、教師、伝道者、そして預言者の働きについては理解していました。過去四十年にわたって、神がこれらの働きを展開し、教会を祝福してくださったのを見てきました。そして今私たちは、使徒的な働きの夜明けを見始めているのです。このように私たちは牧師的教会から、使徒的教会へと移行しつつあるのです。

それでは、「使徒的教会」とはいったいどのようなものなのでしょうか。ローマ書には、使徒的な物の考え方が表されています。

「神の福音のために**選び分けられ、使徒として召されたキ**リスト・イエスのしもべパウロ」

（ローマ一章一節）

使徒的教会について述べるならば、**その教会は自分たちが何ものであるかについて、思い悩んだりすることはありません。**自分たちが何ものであり、何をなすべきかを知っており、行動を起こすために召されていることを知っているからです。また、使徒的教会は使徒的人間を生み出します。もし教会が底の浅いクリスチャンしか育てられないなら、彼らは底の浅い影響力しか持つことはできません。

そして、この使徒的人間は、聖なる刺激を与える存在です。使徒パウロが行ったところには必ず**リバイバルか暴動のどちらか**が起こったことに注目してください。使徒的油注ぎは、宗教的指導者層だけでなく、一般の信徒にも波紋を投げかけるものです。使徒的油注ぎを受けた使徒的人間は、都市や地域、国家、あるいは一つの世代全体に遣わされ、何らかの変化を引き起こします。

ローマ人への手紙一章一節にもう一度目をとめてください。使徒的働き人は選び分けられた存在です。この召し、あるいは務めは彼らを普通の人とは異なる存在にするのです。

神の福音のために選び分けられる

使徒的ミニストリーとは、神の福音、神からゆだねられた福音を宣べ伝えるものです。使徒的教会は、神の啓示のうちを歩まなければなりません。彼らは一つの地域あるいは国家全体に影響を及ぼす必要があるからです。

パウロがローマ書の中で言っていることに目をとめてください。

「このキリストによって、私たちは恵みと使徒の務めを受けました。それは、御名のためにあらゆる国の人々の中に信仰の従順をもたらすためなのです」（ローマ一章五節）

使徒的であるとは、統率するという意味もあり、使徒的ミニストリーは、従順を育み、人々が神に対して責任を持つようにさせます。従順ということばは、よくコントロールというレッテルを貼られ、時として悪い意味にとらえられることもありますが、御言葉の原則に従うなら、従順を育むことは大切です。

使徒的ミニストリーは、神から与えられた恵みによって、影響力を持つ

使徒的ミニストリーは、それが遣わされた国ではどこでも、神について告げ知らせます。もちろん、そのような油注ぎと権威に対して、その国に存在する敵からの抵抗はありますが…。

使徒的な働き人は新しい教会と神の真理をうち立て、その行くところどこでも、霊的な壁を砕いていきます。それによって、教会に霊的な賜物の授与と油注ぎがなされ、使徒的教会は、永続的なものを生み出します。

「私があなたがたに会いたいと切に望むのは、御霊の賜物をいくらかでもあなたがたに分けて、あなたがたを強くしたいからです」（ローマ一章一一節）

「あなたがたは使徒と預言者という土台の上に建てられており、キリスト・イエスご自身がその礎石です。この方にあって、組み合わされた建物の全体が成長し、主にある聖なる宮となるのであり、このキリストにあって、あなたがたもともに建てられ、御霊に

よって神の御住まいとなるのです」

（エペソ二章二〇～二二節）

使徒的教会は、何の土台も据えられていない新しい領域に出ていきます。彼らが開拓する教会は、その地域が神の御言葉を聞くように**命じ**、それ以前には何もなかったところに真理の土台を据えていきます。

教会を建て上げるときには戦いが起こります。使徒的働き人たちは、献身的に戦いをしなければなりません。その戦いは霊的領域における戦いなのです。

使徒的教会は建て上げ、治め、そして霊的突破が起こるまで、敵対してくる国家的な要塞を繰り返し撃破しなければなりません。「霊的突破」とは実は使徒的なことばなのです。

「強い人の家にはいって家財を奪い取ろうとするなら、まずその人を縛ってしまわないで、どうしてそのようなことができましょうか。そのようにして初めて、その家を略奪することもできるのです」

（マタイ一二章二九節）

牧師一人ひとりには神の権威がそれぞれ与えられていますが、私たちが国家を支配している「強い人」を縛るためには、一人の牧師が行使できるよりももっと大きな権威を必要とします。この権威は、使徒的な働き人がその油注ぎを国家レベルで用いるときに与えられます。

神は先駆的な働きをする人々を求めておられます。他の人々に先駆けてことを行う人々です。しかし、そこには困難も生じてくると言っておいた方が良いでしょう。先駆的な働きには、抵抗がつきものなのです。

使徒的教会は、**訪問する場所ではなく居住のための場所**でなければなりません。教会が日曜日の礼拝と、水曜日の祈祷会のときだけ訪れるだけのところであってはいけません。私たちが必要としているのは、神ご自身が住まわれる場所なのです。

また、使徒的教会は、教会や都市、あるいは地域の現状について、深い悲しみを持ちます。それは、重荷を負う教会なのです。使徒的な人々は、神が彼らに与えてくださった地域に対して重荷を持ちます。

ネヘミヤの例を見てみましょう。彼は使徒的な建設者でしたが、エルサレムの現状を見て深い悲しみを抱きました。

「ハカルヤの子ネヘミヤのことば。第二十年のキスレウの月に、私がシュシャンの城にいたとき、私の親類のひとりハナニが、ユダから来た数人の者といっしょにやって来た。そこで私は、捕囚から残ってのがれたユダヤ人とエルサレムのことについて、彼らに尋ねた。すると、彼らは私に答えた。『あの州の捕囚からのがれて生き残った残りの者たちは、非常な困難の中にあり、またそしりを受けています。そのうえ、エルサレムの城壁はくずされ、その門は火で焼き払われたままです』。私はこのことばを聞いたとき、すわって泣き、数日の間、喪に服し、断食して天の神の前に祈って…」（ネヘミヤ一章一～四節）

ネヘミヤと同じように、私たちも大きな反対に直面しています。しかし、それに対する最良の防御は、他の人々と一致して働くことです。私たちの力は、他の人々との関係から、そして、私たちが進んで歩み寄ることによって生まれる一致から来るのです。

「使徒」という語は特別なことばです。「使徒」が「遣わされた者」という意味であることは、良く知られています。単に走り使いや急派などというような場合の「遣わす」という意味を表すギリシャ語の単語は他にもありますけれども、原語で使われているギリシャ語「アポストロス」には、もっと深い意味があります。それは、「**権威を帯びて遣わされた者**」ということです。このことばが使われているのは、私たちが単なるキリストの走り使い、単なるしもべではないことを示しています。大宣教命令は使命ということばで要約されてしまうようなものではなく、それは神の大使としての任務なのです。私たちはキリストの御名によって出て行き、主の代理人として行動し、主の御旨を行う力を与えられているのです。

使徒的な働きとは、権威に基づく働きにほかなりません。使徒たちはイエスさまの御名と力によって、主が始められたわざを行なっていきました。使徒たちはイエスさまの権威のもとで働きをしていったのです。「わたしを離れては、あなたがたは何もすることができない」（ヨハネ一五章五節）とあるとおりです。

使徒は、権威を受けて遣わされるだけでなく、賜物と品性と能力をも与えられています。これによって彼らは人々に伝道し、彼らを神の国とその聖なる秩序の中で立て上げていきます。そのためになされるわざは、生み出し、植え、養育し、監督し、訓練し、その他の教会の奉仕を展開していくことなどです。

現代ではもう使徒は必要ないと主張する方もあるかもしれません。けれどもエペソ人への手紙には、神が教会にお与えになったものが何であるか、非常に明確に書いてあります。

「こうして、キリストご自身が、ある人を使徒、ある人を預言者、ある人を伝道者、ある人を牧師また教師として、お立てになったのです」

（エペソ四章一一節）

今でもキリストの教会はみな、使徒的な、また父親的な油注ぎを切に必要としているのです。使徒的な働きには、新しい働きとミニストリーを生み出すことが含まれています。神は今でも使徒的な働き人を起こし、彼らを召して、建て上げ、植え、育て、任命し、統率し、監督し、力づけ、与え、指導し、管理し、ネットワークを拡大させておられるのです。

この世に対する神の目的

使徒的な働きはまた、福音を国家規模で浸透させることでもあります。使徒的な働き人は新しい教会を開拓し、またそれらを監督し、力づけるために召されています。その人は若い世代の指導者を任命し、訓練し、育てる務めをゆだねられているのです。

危機管理、未解決の問題を処理すること、ネットワークづくり、一致の促進、デモンストレーション、教え、しるしと不思議を通して超自然的な力を解き放つこと。これらはみな、使徒的な働きの場でなされていくものです。

私は、このような使徒的な働きの運動が日本にも生まれることを、神は切に願っておられると信じています。

私たちは、日本キリスト教会史上、いまだかつてなかったほどの素晴らしい時代に生きています。多くの人々が、神がご自身の計画を行われるのを待ち望んでいます。けれどもまた、多くの人々は神が何をしようと願っておられるのかに気づかず、変化の多くのしるしを見いだせずにいるのです。

この種の運動を生み出すためには、全世界の教会ですでに使徒的な働きに携わっている人々の助けも必要でしょう。彼らが持っているものを分かち合い、新しく使徒的な働き人を起こすための権威を受け取ることです。

このような運動によって、日本の牧師先生たちの心が触れられ、神に教会を揺り動かしていただいて、各自の人生とミニストリーにおける変化を受け入れるようになるでしょう。

このようなことが日本で起こるためには、私たち全員に次のような**コミットメント**が必要だと信じるものです。

一、今日神がなさっておられる御業に対して心を開き、受け入れること。

神の聖霊と一致して歩みましょう。聖霊の働きを受け入れようとするとき、過去の伝統を守ることに困難が生じたり、それに対して脅威や怒りを感じる人も現れたり、迫害が起こったりすることもあるでしょう。私たちは預言的働きについても、同様のことが起こったのを見てきたのですが、そのような働きに対して心を開くことはとても大切です。

二、神がなさろうとしておられることを願い求めること。

霊的な情熱と飢え渇きを起こしていただきましょう。それによって、神がなそうとしておられることを受け取るための信仰が与えられます。私たちは教会に権威ある使徒的改革が行われるのを見たいという、聖なる情熱を必要としています。

三、神がなさろうとしておられることに献身すること。

私たちは神が私たちに何かをさせようとしておられると信じたなら、それを実現させることに専心しなければなりません。そのためには時間もささげなければなりません。口先だけの賛辞や隠れたサポートで終わってはいけないのです。私たちは自分の財や才能もささげなければなりません。

もし私たちが、神が何か新鮮できよいことをなしてくださると信じ始めるならば、神はこの国に、私たちがいまだかつて経験したこともないような、聖霊に満ちたペンテコステのような出来事を起こしてくださるでしょう。

私たち牧師や指導者は、自らの命を祭壇の前に投げ出して、神に願い求めなければなりません。「どれほど犠牲を払っても構いません。私をこの父親不在の国、父親不在の世代にあって、霊的父としてください」と。

教会と霊的戦い

瀧元　望

「私たちの格闘は血肉に対するものではなく、主権、力、この暗やみの世界の支配者たち、また、天にいるもろもろの悪霊に対するものです」

（エペソ六章一二節）

私たちはこの御言葉を理解し、その現実を受け止め、「格闘」と表現される戦いをどのように進めていったら良いのでしょうか。多くの方々が福音宣教において霊的戦いに目覚め、「悪霊がいることがわかりました」と、発想そのものを変えて霊的戦いを進めていきますが、その内のかなりの方が、その戦いに疲れてしまったり、霊的な攻撃と理解される圧迫や出来事によって混乱させられたりしています。そこから発せられる質問のほとんどは、「どのように戦いを進めるのか」というハウツーに焦点が

●たきもと・のぞむ
1955年、愛知県新城市生まれ。牧師家庭8人兄弟の次男。日本におけるゴスペル・バンドの草分け的存在「グロリア・シンガーズ」のメンバーとして、国内外で音楽伝道のため25年間奉仕。現在もワーシップ・リーダーとして活躍している。10年ほど前から霊的戦いととりなしの祈りのために召命を受け、日本における戦略的霊的戦いのフロンティアとして用いられる。現在、全国をとりなしと祈り、調査のために巡ると同時に、全国の教会からの招きで、霊的戦いととりなしの祈りの実践的奉仕に当たっている。著書に『この国のいやし』（プレイズ出版）がある。妻と5人の子どもの7人家族。

当てられています。しかし、その問いに答えるためにとても重要なことがあります。それは、霊的戦いを勧める右の御言葉が「私」という単数ではなく、「私たち」という表現によって語られていることです。エペソ書全体から理解するとき、その「私たち」は「教会」を意味していることがわかります。つまり、どのように戦うかではなく、どこで戦うのかということに勝利の鍵があるのです。

教会に委ねられた権威

まず、エペソ一章の中から教会に委ねられた権威について考えてみましょう。

「また、神の全能の力の働きによって私たち信じる者に働く神のすぐれた力がどのように偉大なものであるかを、あなたがたが知ることができますように」

（エペソ一章一九節）

これは使徒パウロが、エペソの教会に対して語った願いであり、祈りです。この御言葉が示すように、霊的戦いによって私たちが知ることができるのは、「神のすぐれた力がどのように偉大なものであるか」ということであり、そして、それが私たちと共に働くということです。それは、福音の中に十字架を通して与えられている力なのです。

「神は、その全能の力をキリストのうちに働かせて、キリストを死者の中からよみがえらせ、天上においてご自分の右の座に着かせて、すべての支配、権威、権力、主権の上に、また、今の世ばかりではなく、次に来る世においてもとなえられる、すべての名の上に置かれました」

（二〇～二一節）

「すべての支配、権威、権力、主権」と表現されるこの言葉は、政治や国家権力のみを指し示しているのではなく、エペソ六章一二節において使われている「主権、力、この暗闇の支配者」に対応するものであり、霊的な存在をも意味しています。イエス様がよみがえりを通して勝ち取られた勝利は、紛れもなく霊的な存在であるサタンとその勢力である悪しき霊どもに対するものでした。このことを理解するとき、続く二二、二三節が持つ重要性がわかります。

「また、神は、いっさいのものをキリストの足の下に従わせ、いっさいのものの上に立つかしらであるキリストを、教会にお与えになりました。教会はキリストのからだであり、いっさいのものをいっさいのものによって満たす方の満ちておられるところです」

かしらなるキリストに連なるからだである教会にこそ、霊的戦いの勝利が委ねられているのです。

「わたしには天においても、地においても、いっさいの権威が与えられています」（マタイ二八章一八節）

私たちを全世界に遣わす、大宣教命令において約束されているイエスの御名にある権威はいっさいのものの上にありますが、それは、キリストのからだである教会を通して現されていくものなのです。教会にこそ霊的戦いの中心があり、その戦場があるのです。いや、すでに勝ち取られた勝利が教会を通して前進し、現されていくのです。御言葉に従い、健全な教会が建て上げられていくことそのものが、霊的戦いの勝利を意味しています。逆に、リバイバルは前進せず、サタンの支配から魂を勝ち取るという戦いが前進しない問題がある場合、教会の中にその原因があるということが言えます。

教会を建て上げていくこと、牧会的な働き、そしてクリスチャン同士の交わりは、霊的戦いと無縁のものではありません。「私たちの教会は聖書を深く学び、理解し、クリスチャン一人ひとりが成熟することに重点を置いていますから、霊的戦いはしていません」ということは成り立たないのです。教会は「世の光」であることによって、その存在そのものが霊的戦いの最前線に位置し、したがって戦いのまっただ中にあるからです。

「これは、今、天にある支配と権威とに対して、教会を通して、神の豊かな知恵が示されるためであって」（エペソ三章一〇節）と御言葉が示すように、教会を通して「天」（霊的な世界）に存在する「支配と権威」に対して勝利が現されていくものなのです。

教会と一致

これらのことから、サタンの陣営に対して勝利が現されていくところ、それが教会であることを知ることができます。とすると、サタンが最も激しく攻撃をしようと試みるところもまた、教会であると言えます。

「兄弟たち。私はあなたがたに願います。あなたがたの学んだ教えにそむいて、分裂とつまずきを引き起こす人たちを警戒してください。彼らから遠ざかりなさい」（ローマ一六章一七節）

「平和の神は、すみやかに、あなたがたの足でサタンを踏み砕いてくださいます」（同二〇節）

「あなたがたの足で」と言われるところは、教会に与えられた権威の下であることをこの御言葉からも学ぶことができますが、サタンは教会の中に分裂やつまずきを引き起こさせようとたくらんでいることに私たちは気づかなくてはなりません。

キリストのからだが健康であるということを、「調和を保っている」「一致している」と表現することができます。エペソ書の中でパウロは「平和のきずなで結ばれて御霊の一致を熱心に保ちなさい」（四章三節）と勧めますが、一致することは霊的戦いに勝利するために必要不可欠なものです。教会がサタンに提供してしまう最も大きな要塞は、不一致だと思います。キリストのからだのそれぞれに与えられた働き、賜物の違いを指摘し合うことによって、一致と調和が損なわれます。それは、私たちの霊的な幼稚さのゆえに引き起こされていきます。自分が持っているものが最高であって、他のものは必要でないと感じ、自分にないものを拒絶することがキリストのからだを引き裂きバランスを崩させるのです。私たちは「ついに、私たちがみな、信仰の一致と神の御子に関する知識の一致とに達し、完全におとなになって、キリストの満ち満ちた身たけにまで達するためです」（エペソ四章一三節）と勧められているように、成熟する必要があります。

霊的戦いにおいて受け止めなくてはならない非常に重要な考え方、それは「キリストのからだ」という共同体としての教会観です。地域教会における、一人ひとりの信徒と教会の関係、また各地域教会と、大きなキリストのからだと理解される町や国全体の教会との関係においても、それぞれが主イエス・キリストをかしらとした共同体の一員であり、各器官であり、それぞれに異なった主から与えられた働きがあることを受け取ることが大切です。からだは、見た目も働きも違うそれぞれの器官があるからこそ成り立つものです。「キリストによって、からだ全体は、一つ一つの部分がその力量にふさわしく働く力により、また、備えられたあらゆる結び目によって、しっかりと組み合わされ、結び合わされ、成長して、愛のうちに建てられるのです」（四章一六節）という御言葉が教会に生きて現実となるとき、すでに勝ち取られている主の勝利が教会を通して現されていくのです。

私と教会

教会を通して霊的戦いが進められ、勝利が現されていくという原則を受け取るために、今私たちは、私たちの遣わされたこの国にあって、私たちの教会にあって、そして、私たち自身、主から何を求められているのでしょうか。まず、私たちの中（この国、教会、私）に存在する敵の要塞を取り除くことから始める必要があります。

私自身のことを述べることから始めたいと思います。自分を振り返ってみると常に「教会」と「私」との間に葛藤があることを感じます。牧師であり巡回伝道者である父を持つ私には、田舎町の私の教会に対して、そして、日本の教会に対して生活に密着した形で、感覚、感情、思索、理性の中に肯定的、否定的な反応が存在していることを見いだします。

幼い頃から、教会は私を育て、学ばせ、体験させる学校でした。楽しいこと、悲しいこと、信じること、裏切られること、慰められること、失望すること、喜び、怒り、これらすべてが教会の中にありました。特に「赤貧洗うがごとし」という表現がぴったりの幼少期においては、教会と私たちの生活空間は一つであり、プライバシーといったものは存在しませんでした。ある日突然、大きな箱が居間（つまり教会堂）に運び込まれ、菊の花がどっさり届けられます。喜んではしゃいでいるとたしなめられ「何だこれは」と思っていると「お葬式」であったりしました。

その頃、クリスチャンになった青年たちが「カンドウされました」と教会に逃げ込んで来ることが頻繁に起こりました。決まってその人たちは、涙を流して祈っていますから、「感動して逃げてきたのに、何で泣くのか。感動したら喜べばいい」と中学生くらいまで誤解していました。「カンドウ」が「勘当」であり、信仰を貫くための戦いであったことを知ったとき、「感動」したことを覚えています。

こんな笑い話だけならば良いのですが、成長していくにつれ、私にとって教会は私を束縛する存在にもなっていきました。牧師である父や、私たちを愛してやまない教会員の方々から浴びせられる「証しにならない」「世的だ」「御心ではない」「霊的ではない」はたまた、「その音楽はサタンだ」「赤いズボンをはくとは」「男がパーマをかけるとは」「ドジョウでもあるまいし髭を生やすとは」といった厳しい言葉に遭遇するうちに、「教会がなくなればいい」「火事になって燃えてしまったら」「あの人が天国に帰ったら」という考えが心を行き交うようになっていきました。もちろん、わがままで、不信仰で、世的で、自己中心的な私が問題の原因であることは自覚していたのですが、高校生になった頃には、教会が敵であるかのように思い込んでしまっていたのです。

折しも流行ったエレキ、フォーク・ブームに影響された私たち（クリスチャンホームの同世代の仲間）は、教会の中で自分を発散するために「賛美を通してイエス様を伝える」という口実で、ゴスペルバンドを結成しました。最初は猛反対した父でしたが「非行に走るよりは」との考えから、自分が招かれる伝道会に私たちを連れて、賛美をするようにしてくれました。近所の教会だけでなく、日本中の多くの教団教派の教会を巡る機会が増え、いつの間にか「日本のゴスペルフォークの草分け」と言われるようなバンドに成長していきました。草深い田舎出身なので、文字通り「草分け」だったのですが、キリスト教会にエレキギターやドラムを最初に持ち込む役割を担った私たちを迎えた反応のほとんどは、「やかましい」「そんなの賛美じゃない」「世俗的だ」というものでした。その原因は、ただ単に「下手だから」だったのですが、私たちは逆恨みをするように「日本の教会は古くさい」「だから、若者は教会に来ないんだ」「こんな日本の教会にリバイバルなんか起こるはずがない」と日本の教会に対しても否定的になっていきました。

教会を攻撃する霊性をもって賛美することは、とても苦しいことでしたが、その怒りに似た叫びは、あるパワーをもって私たちを突き進ませ、ついには、なんと賛美伝道に献身するようになっていったのです。もちろん、一人の魂が救われる姿に感動し、聖霊に押し出されて献身したのですが、心の奥底には教会に対する敵意が存在していたのです。

一九八六年のことでした。すでに主の前に献身して音楽伝道に命を懸けて働くと意を決し、ゴスペルレコード会社を設立することにも主は関わらせてくださいました。新しい賛美の働きに対しても、日本の教会がその扉を開こうとしている兆しを見るようになっていました。また、新城教会にあっても、音楽伝道を中心とした若者へのアプローチが効果を上げ、多くの若者が教会に集まり、新城市人口の一パーセント以上のクリスチャンが与えられ、町全体にも教会が影響力を及ぼすようになったその時、教会から多くの若者が崩れるように去っていくという試練が私たちを襲いました。その原因の多くは、私たちのやり方や配慮のなさからのものでしたが、魂が奪われていくという戦いは、まさしくサタンの教会への攻撃だったのです。

約一年間、来る日も来る日も私の心は鉛のような重いもので支配され、毎日のように山に行って、叫んで祈るという日が続きました。そのような中で、私に与えられた思いは「教会を自分自身のように受け入れ、愛する」ということでした。教会が引き裂かれていくという痛みや苦しみを主が教え、それがキリストのからだであり、私もそのからだに属していることを体験したとき、私の中から「教会に対する敵意と叫び」が取り去られていきました。十字架上のイエス様の叫び「父よ。彼らをお赦しください。彼らは、何をしているのか自分でわからないのです」(ルカ二三章三四節)は、キリストのからだである教会に敵意を持ち、傷つけている私に対するものだということを知りました。

それ以来、私の中に主は、教会を愛する心をどんな時にも沸き上がらせてくださることを覚え、主を崇めています。教会の現実は変わらないように思え、多くの葛藤や不条理な出来事に出くわします。しかし、教会はイエス・キリストのものであり、私もその一部であることを知ってから、愛する心が私を支配していることを感謝しています。

霊的戦いは、主のからだである教会を愛することによって導かれる主の戦いなのだと思います。

教会とその回復、いやし

私たちと教会の間に、主イエス・キリストにある和解が与えられ、敵意や叫びが取り除かれることは、私たち自身がいやされ回復され霊的にも健康を取り戻すことを意味しています。教会の欠陥や欠点を自覚することは大切なことですが、それを攻撃し、訴えることの背後には、敵意と叫びの病んだ霊性が潜んでいます。賛美集会やセミナーの奉仕をさせていただいていて、教会を訴え、分裂や造反に荷担している方々に共通した、ある種の霊的な暗やみを感じることがありますが、そのような教会に対する破壊的な霊性は、非常に強い霊的な力と結びついているのではないかと思われます。なぜなら、個人を憎み、赦さないことから、悪魔に場所（要塞）を提供してしまうという問題が生じるとすれば（エペソ四章二六～二七節参照）、神の共同体であり、「主権、力、この暗やみの世界の支配者たち、また、天にいるもろもろの悪霊」（エペソ六章一二節）に対して勝利が約束されている教会への憎しみから生まれる要塞は、なおさら強力なものであることが想像されるからです。

もし、過去において、教会批判や造反に関わるようになってしまったことや心に潜む主のからだなる教会に対する敵意や叫びを持っていた（いる）経験がある場合、霊的な理解をもって祈る必要があります。

一方、教会という共同体の中に存在する痛み、傷、要塞を放置したままでは、戦いは前進しません。教会が体験する出来事をすべて悪霊の攻撃であると考えてはなりません。しかし、人によって引き起こされる牧会的な問題や信徒と牧師の摩擦、信徒同士のトラブルも、それがこじれて、傷となって教会の中に残されるなら、それが霊的な要塞となってしまうことを知る必要があります。何度も繰り返しますが、教会に与えられている霊的な世界に対する権威のゆえに、そのようなことが起こるのです。サタンが最もおそれ、震え上がることは、教会が健康で御言葉によって強められ、聖霊によって前進することであり、だからこそ、教会に対してそうさせまいと策略を持って近づき、そこに要塞を作ろうとするのです。

ここまで、「要塞」という言葉を多く使ってきましたので、この言葉について考えてみましょう。要塞は実は個人において言うのならノンクリスチャンには存在しないものです。疑問に思われるかも知れませんが、ノンクリスチャンはサタンの支配下にあり、そこはサタンの陣営そのものです。要塞とは味方の陣営に作られた敵の砦です。ですから、クリスチャンの内にある敵の足場となる罪や傷、痛みなどが要塞となるのです。そのような要塞は必ず私たちの思索や価値観に影響を及ぼし、クリスチャンとしての健全な生活を妨げるものになります。要塞からサタンが火矢を投げ続け、悲惨な戦いを繰り返すことになります。エド・シルボソ師は要塞という言葉をこのように定義づけています。「霊的要塞とは、ある特定の考え方である。その思索方法は、絶望感を基盤としている。この考え方に陥るとクリスチャンは現状が御心に反していると理性的にはわかっていても、霊的な状態は変えることができないものだとしてそれを受け入れてしまう」

私たちは、教会が健全に成長し、多くの人々が救われその群に加えられることや、クリスチャン同士の楽しく、いやしに富んだ深い交わりが溢れることを願っています。しかし、教会全体にあきらめや絶望感が存在し、健全でない時、教会に作られた要塞に縛られている可能性があることを知らなければなりません。教会にある要塞を取り除き、主が下さるいやしを受け取り、回復される必要があるのです。そのために何をするべきでしょうか。勇気を持って主を信頼して御言葉に立って敵に立ち向かうことです。敵の存在をおそれていないで、敵の足場となった問題や傷、罪を十字架にあって主の御名の権威に立って取り除き、いやしと回復が訪れることを願う必要があります。ある教会では、前任牧師が信徒を支配しコントロールするためにセルグループを用いたがために、二度と地域単位の家族的な交わりや聖書の学びのための集まりを持つことができなくなっているという話を耳にしたことがあります。素晴らしい主からの戦略が、コントロールというサタン的な霊性によって用いられ、その結果、信徒が傷ついてしまったために起きた出来事です。このような教会に存在する要塞は、ほとんどが、賜物や伝道方法、訓練法といった素晴らしいものの陰に作られています。だからこそ、それが要塞となるのです。この要塞を砕くのは、聖霊の働きであり、聖霊を迎える砕かれた心と真の謙遜さです。

「私たちは肉にあって歩んではいても、肉に従って戦ってはいません。私たちの戦いの武器は、肉の物ではなく、神の御前で、要塞をも破るほどに力のあるものです。私たちは、さまざまの思弁と、神の知識に逆らって立つあらゆる高ぶりを打ち砕き、すべてのはかりごとをとりこにしてキリストに服従させ…」

（Ⅱコリント一〇章三〜五節）

要塞とともにある霊性は高ぶりであり、教会に与えられている神の豊かな知識と知恵に逆らうものです。最も大きな要塞は「私たちの教会が最高であり、すべてのものが私たちにある」という不健全な教会観なのです。教会を常に主の臨在の前で点検し、くびきを砕き、自由になり続けることが必要です。

具体的に教会にあって要塞を取り扱い、自由を得るために有益な資料として、ニール・アンダーソン師が書かれた『あなたの教会を自由にする』（リーガル・ブックス、本邦未訳）という書物からその七つのステップをご紹介します。

教会を自由にするための七つのステップ

ステップ1　強さを知る

自分たちの教会に与えられている力、そして現在教会が行なっている正しい行為について、祈りのうちに主にたずね、可能な限り多くリストアップする。次に、それらをまとめ、教会に与えられている最も大きな力は何であるかを抽出する（通常五～六項目以下）。それら一つひとつについて神に感謝をささげる。

ステップ2　弱さを知る

ステップ1と同様にして、教会の弱点を見分け、リストアップする。神にこれらの点について赦しを求め、また弱さを通して働いてくださるように祈る。

ステップ3　過去の記憶を取り扱う

祈りのうちに、教会の過去の歴史に存在する、最も素晴らしい出来事と、心の傷を残すことになった出来事の両方を神に思い起こさせていただく。それらから、「良い思い出」と「つらい思い出」という二つのリストを作る。「良い思い出」については神に感謝をささげる。「つらい思い出」については、祈りつつその過去と向き合い、自分（たち）を傷つけた存在に赦しを与え、神にその傷のいやしを求める。そして、その経験を通してサタンが獲得した足場を完全に奪い返すことを宣言する。

ステップ4　共同体的な罪を取り扱う

祈りのうちに、教会が、または教会に属する何らかのグループが集団として犯した罪をリストアップする。みなでそれらの罪を主の前に言い表し、赦しを求める。それから、教会のかしらであるキリストの権威によって、それらの罪を土台として教会に築かれたサタンの足場のすべてを破壊することを宣言し、また聖霊を教会に迎え入れる。これらの罪に個人的に関与した人は、そのことを言い表す。

ステップ5　霊的な敵を攻撃する

教会が行なっている正しい行為のゆえに、教会やその指導者、またその会衆に対して加えられているサタンの攻撃を見分けることができるように祈り求める。そのリストに挙げられているサタンの攻撃の一つひとつとの関わりを断ち切ることを宣言する。神の守りを祈り求め、施設も含めた教会全体を主にささげる。

ステップ6　祈りの行動計画を作成する

四枚の紙に、おのおの、「私たちは○○を放棄する」「私たちは○○を宣言する」「私たちは○○を確認する」「私たちは○○を行う」という形の宣言をリストアップする。これまでのステップで行なってきたことを総合し、教会が受けてきた霊的束縛について、できるかぎり簡潔でかつ網羅的なリストを作る。共に声を出してそのリストに従って祈る。

ステップ7　指導者としての戦略を立てる

ステップ6で作成した祈りの行動計画を教会で継続的に実行していくために、指導者がしなければならないことについて、主に祈り求める。

（Neil T. Anderson & Charles Mylander, *Setting Your Church Free*, Regal Books, 1994. Appendix B "Seven Steps Toward Setting Your Church Free" (pp.303-325) を参照して作成しました。紙幅の関係でこの場で紹介できなかった細かい注意事項や、トラブルを避けるためのアドバイスなども書かれていますので、実際に教会でこのステップを行う際には、同書を参考にしてください）

この国と教会

教会はこの世にあって「世の光」「地の塩」という役割を負わされています。日本という国にあって私たちは、神の国を建て上げていくために主から遣わされているのです。「日本のリバイバル」というテーマを掲げるなら、私たち教会がこの国にあってどのように戦ってきたのか、また、そこにどのような要塞が存在しているのかということを知り、それを今、取り扱う必要があるように思います。

　そこで日本プロテスタント教会の歴史の一部を振り返り、この国と教会について考えてみましょう。

教会の土台

　初めてプロテスタントの宣教師が来日したのは、一八五九年、幕末のことだと言われています。プロテスタント教会が設立されたのは、一八七二年三月十日でした。ここで二つの特筆すべきことがあるように思います。まず、最初の教会は「横浜公会」と称されていますが、この「公会」とは、一つの教派の教会ではなく、大きなキリストのからだに属する公同の教会という意味を持っています。日本に宣教師として来た人々は多くの教派的背景を持っていましたが、「公会」と呼ぶことを通して無教派主義という立場をとったということです。この土台はかしらなるキリストに連なることによって一つであるという、公同の教会の一致を現したものでした。

　その年の九月に開かれた全国宣教師会議では、「そもそもキリストのからだの教会は、彼にあって一つであり、プロテスタント教会の間の分立は偶然の出来事である。それは信者の生ける一致に影響を及ぼさないけれども、キリスト教会において教会の公同性を妨げている。まして、（教派）分立の歴史を理解することができない異教国においてはなおさらのことである」という決議案が出され、「公会規定」には「我輩の公会は宗派に属さず、唯主耶蘇基督の名に依って建つる処なれば、単に聖書を標準とし、是を信じ是を勉むるものは皆これ基督の徒、我等の兄弟なれば、会中の各員全世界の信徒を同視して一家の親愛を尽くすべし。是故に此会を『横浜公会』と称す」と謳《うた》っています。この公会という基準によって全国各地に公会が作られていきました。もちろんしばらくすると、各種の宣教団体からぞくぞくと宣教師が渡来して各教派による教会が建てられていったのですが、日本の教会の初穂は、教派を越えた公会であり、「キリストにあって一つである」という告白の上に立っていました。

　このような素晴らしい面があった反面、その土台には、すでに敵の要塞が存在していました。政府からのスパイが最初のクリスチャンの中に送り込まれており、その報告によれば「公会定規」から重要な三つの項目が削除されたと言います。

「第一条、皇祖土神ノ廟前ニ拝跪スヘカラサルコト（出エジプト二〇章一～六節引用）」（天皇の祖神や土着の神の神社の前に跪《ひざまず》き礼拝してはならない）
「第二条、王命ト雖モ道ノ為ニハ屈従スベカラサルコト（使徒四章一九節、五章二九節引用）」（王の命令であっても信仰の道のためには屈して服従してはならない）
「第三条、父母血肉ノ恩ニ愛着スヘカラサルコト（マタイ一二章引用）」（肉親の血肉の恩情に愛着してはならない）

　キリスト教の禁制が解かれる前年のことであり政府からの圧力がそこにあったにせよ、信仰告白においてすでに、妥協とこの世や国との癒着が見られたのです。

　この二つの特筆すべき告白は、皮肉にも一九四〇年に「一致と妥協」という形で結実してしまいます。

皇紀二六〇〇年奉祝全国基督教信徒大会

　太平洋戦争の前年、全国が「皇紀二六〇〇年奉祝」にわいた一九四〇年に、日本の教会にとって大きな意味を持つ大集会が開かれました。その一九四〇年（昭和十五年）は、日本神話に基づいて初代天皇とされる神武天皇が即位して二六〇〇年目に当たる年とされ、皇紀二六〇〇年祝賀大会が日本全国津々浦々で催され、多くの神社や公園、広場にそれを祝う記念碑や鳥居、石像、モニュメントが作られていきました（現在もどの町でもこれらのものを見ることができます）。文部省は、神武東征神話にまつわる宮崎から奈良に至る二十八カ所に、「神武東征聖蹟顕彰碑」を建てました（これらも現在もすべて残っています）。

　一九四〇年十月十七日（この日は神嘗祭《かんなめさい》の期間に当たり、その日を選んで開催された）、青山学院の校庭を会場に皇紀二六〇〇年奉祝記念全国基督教信徒大会が、約二万人の全国の牧師、信徒を集め、一部例外を除いてすべての教団、教派が参加して開かれました。集会は、君が代斉唱、宮城遥拝、黙祷（この黙祷は十五年戦争で命を落とした「英霊」と「皇軍」に対するもの）で始まり、当時の国策の基本原理「滅私奉公」こそキリストの精神であり、それをもって国家に仕えるという開会の辞が読み上げられました。メッセージを取り次いだ牧師は、「この集まりは皇紀二六〇〇年を祝う集まりであると同時に、キリスト教の歴史におけるペンテコステの日とも称される」と語り、午後には、天皇に忠誠を誓う宣言文が「教会教派の合同一致をもって国民精神指導の大業に参加し進んで大政を翼賛し尽忠報国の誠を致す」と朗読され、拍手は鳴りやまなかったと言います。

その夜、共立講堂を会場に三千人を集めて開かれた「皇紀二六〇〇年奉祝基督教信徒大会感謝祈祷会」の様子は、「『みたまよくだりて　昔のごとく　くすしきみわざを　あらわしたまえ』と歌い、二人の牧師の感謝あふる祈りに合わせて、会衆一同は感涙にむせびつつ『アーメン』を唱えた。その光景は古代イスラエルにおけるエズラ、ネヘミヤの時、エルサレムの城壁が完成した祝いに会衆が感きわまって泣いたその感じであった」と記録されています（『日本キリスト教合同史稿』都田恒太郎著、教文館）。しかし、この祈りや賛美は主にささげられたとは言いがたいものです。「神話的起源を主張する国家の祝典に、キリスト教徒が祈りの祭壇を築き、異教的なヴィジョンをたちのぼらせながら、人々が『みたまよくだりて』を歌ったとき、下ってきた『み霊』は、いかなる諸霊だったのか」（『増補 日本プロテスタント教会史（下）昭和編』小野静雄著　聖恵授産所出版部）と小野師が述べているように、教会が地の塩、世の光としての役割を捨て、天皇礼拝という偶像礼拝を通して悪しき霊と契約を結び、その霊を受けていった姿がそこにあります。

当時の日本の教会は、翼賛思想の影響と明治中期からの教会、教派の一致合同の願いから、皇紀二六〇〇年を祝う集会を「これぞ主の時だ」と開きました。キリストをかしらとせず、「八紘一宇」として知られるスローガンが意味するように、天皇をかしらとし、天皇家に関わる神話を受け入れることによって一致するという過ちを犯してしまったのです。

この国に関わる呪いを取りのける

このような要塞は、戦争が終わって消え去ったのでしょうか。現在の私たちの教会の姿と現状を良く考えればその答えは明らかです。終戦五十年を契機に多くの教団、教会が、太平洋戦争を含む十五年戦争において、日本がアジアの諸国と人々、その教会とに対して犯した罪を告白し、悔い改める声明文を発表し、現実にそれらの国々に謝罪をしました。そこに主が働いてくださり、回復といやしを始めておられることを信じます。しかし、その悔い改めにおいて悪しき霊との契約的な関わりや霊的要塞を取り扱うことをしないのなら、多くの要塞が教会を苦しめ続けることになります。私たちは、この国に遣わされているキリストのからだなる教会の罪を、自分自身のものとして悔い改め、とりなし祈ることを求められているのです。

もう一つの可能性

以前シンガポールを訪ねたとき、とりなし手の方々と町を巡りながら、その町の土台となっている霊的問題や歴史の中にある要塞についてとりなしていく恵みが与えられました。戦争中に日本がシンガポールに与えた多くの傷となる出来事や（これについては次号で詳しく述べます）、イスラム教、ヒンズー教、道教、仏教の暗やみがそこにあることを知ることができました。ある観光案内にも載っている有名な教会の建物を見たとき、町の至る所にあるイギリス統治時代の公の建物に見られるのと同じ、フリーメーソンを象徴するデザインが、その建物にもほどこされていることに目がとまりました。

同行していた牧師にそのことを尋ねると、素晴らしい勝利の証しを聞かせてくださいました。その教会は十九世紀の終わりに建てられましたが、初代のビショップがフリーメーソンの高い位にあるメンバーでもあったのです。立派な建物とは裏腹に、数年前までは、死んだ教会と呼ばれ、教会員は激減していました。しかし、現在のビショップが霊的戦いに目覚め、公に教会の土台となっているフリーメーソンの呪いを、悔い改めを通して主に取り去って頂くようにとりなし祈るようになってから、教会は著しく回復し、多くの人々が溢れるようになり、観光スポットでもあるため、重要な伝道拠点になりました。それに加え、今では月一度多くの牧師が集まる、シンガポール全体の霊的戦いのネットワークのミーティングが開かれる会場となり、暗やみを打ち破る戦略を練るセンターになっているということでした。

フリーメーソンに関する情報は、よく世界陰謀説などと共にあやしげな情報としてしか伝わっていないようですが（私はそのような陰謀説を支持していません）、最も大きな問題は、その理念の中にある理神論と人間中心主義にあり、入会儀式や種々の儀式を通してなされるサタン礼拝にあります。欧米においてフリーメーソンのメンバーは、弁護士や医者といった社会的に地位のある人々が多く、十九世紀の半ばからは、多くのプロテスタント教会のリーダーもそこに加わっていたことがわかっています。

シンガポールの場合、教会の設立者がそのメンバーであり、それゆえ教会堂がフリーメーソンを象徴するデザインとなってしまいました。フリーメーソンが掲げる人間中心主義や理神論的な価値観は「十字架の福音の愚かさ」と対立するものであり、その流れにはキリストの神性を否定する自由主義神学も含まれています。福音が純粋に語られなくなった教会は「死んだ教会」と呼ばれるものになってしまったのです。

時代背景や宣教師の送り出された本国の母体を考えると、明治初期の日本の教会の土台にもシンガポールと共通するものがあるのかも知れません。長崎のグラバー邸で有名なトーマス・グラバーや日本の開国に影響を与えた人物がフリーメーソンのメンバーであったことが確認されています。また、太平洋戦争後ＧＨＱの総司令官であり日本に多大な影響を与えたダグラス・マッカーサーは、最高位のグランドマスターであり、現在も東京のフリーメーソン・グランド・ロッジでは彼を誇りとしています。その時代にあってはフリーメーソンが暗やみに属するものであることが知られておらず、慈善や教育、政治、法律という分野における彼らの功績がたたえられたのかもしれません。しかし、フリーメーソンの儀式を通して彼らはサタン礼拝を繰り返し、サタン的な霊性をいつしか帯びてしまったことも事実です。それが日本の教会の土台にどのように関わっていたかを明らかにすることは、その回復といやしにおいて重要なことなのかもしれません。

今に生きる教会

最後に、私たちの教会が「地の塩、世の光」であり続けるために何が必要なことなのかについて、考えてみましょう。

罪があふれ、乱れたこの時代、この世にあって光を掲げ続け、塩気を保ち続ける、そのこと自身が戦いを意味します。この世の神と呼ばれる存在が座するところは、この世であり、主が忌み嫌われる「偶像礼拝」と「不品行と姦淫」の罪です。教会の中にもこの世の価値観が巧妙に入り込み、「この世と教会」という二元論的な価値観が受け入れられています。その結果、多くの人々は良い就職、良い大学、良い結婚、もっと豊かな生活を勝ち取るためにこの世と妥協し、地の塩としての役目を捨て、世の光としての働きをやめてしまっていないでしょうか。「社会の常識、日本の常識」だからと偶像と妥協し、悪しき霊と協定を結んでしまっている姿があるように思えてなりません。マスメディアの価値観やタレントや著名人のライフスタイルを真似て生活していくうちに性的な罪が教会を蝕《むしば》み、その結果若者たちが主を中心とした家庭を築いていかなくなっています。「偶像礼拝」と「不品行、姦淫」の要塞は、現代の教会の深くに入り込んでいます。今こそ、聖書の価値観に戻る必要があります。

多くの教会が、地域社会においてある影響力を持ったときに新たな戦いに巻き込まれ、困難に襲われる姿を見てきました。その原因の一つは、地域にあって教会が霊的戦いの最前線に置かれているということを知らない、もしくは理解していない、ということにあると思います。これは、地域に教会が知られ、その存在が経済、政治、教育、福祉、音楽などという分野に影響やインパクトを与えるようになるとき、その領域に霊的な力が関わっているがために、引き起こされる霊的な衝突なのです。地域に教会が影響力を持つということは、とりもなおさず霊的な影響力を与えているということです。

もう一つ、「宗教法人」という枠の中に教会が属することも重要であると感じます。教会が宗教法人として認証されていない場合、それはあくまでも個人的な集まりとして見なされ、税金の免除も含め、宗教法人の恩恵に与ってはいませんが、法人格を取得するということには、霊的世界において大きな意味があることを覚える必要があります。宗教法人は、戦前も、現在も文部省の管轄下に置かれています。宗教法人となったとき、教会は文部省から認証されることを通して神道、仏教、諸宗教と同列のものとして認識されているのです。また、それは同時に文部省という国家的な権威の下に置かれることも意味しています。それゆえに、多くの優遇処置や義務が生じるのです。もし、私たち教会が、このことに対して主の御名の権威を行使し、主の主権と支配を宗教法人に関わる国家、文部省、他宗教に対して宣言しなければ、暗やみの力の権威が教会に攻め来ることが起こりえます。宗教法人としての義務を果たすことはとても重要ですが、それ以前に主の主権の中にすべてがあるということを認識し、教会に関わるすべての機関に主の支配を宣言していくことが最も大切なことです。

一九四〇年の皇紀二六〇〇年奉祝行事も文部省が多くの部分関わっていましたし、当時の教会に「神、仏、基合同」を呼びかけ、「神社を礼拝することは国民儀礼であって宗教行為ではない」という詭弁を使って教会を指導したのも文部省でした。「宗教法人法」の改正やオウム事件をきっかけにした宗教団体への圧力の陰に、霊的な力が関わっていることは明らかです。教育の荒廃、進化論教育、歴史教科書の改ざんなどに関わるのが文部省ですから、このことにも大きな戦いが存在していると思われます。

この時代にあって、教会は「目を覚まし、身を慎み」悪魔に立ち向かう必要があるのです。

主は教会を通してその豊かな知恵を現し、この国に神の国を拡大させてくださいます。私たちのゴールは御国にありますが、地上にあってもゴールを見て進む必要があります。仮に、教会が祝福され現在の十倍にクリスチャン人口が増えたとします。教会は豊かになり、野球場を借り、そこに人々を満たした大集会が頻繁に持たれるようになるでしょう。キリスト教産業と言える書店やレコード会社、出版社の活動は活発になり、会堂建設ブームもわき起こり、現在のような自転車操業が嘘のように、この世の大企業と肩を並べた働きがそこに与えられるかもしれません。しかし、考えなくてはならないことは、もしそこに要塞を残していれば、その要塞も巨大なものとなり、社会の中で教会の名を著しく傷つけるスキャンダルや事件がまき散らされることになるということです。

この地上にあって私たちに与えられているゴールの一つは、多くの人々が暗やみから光へと移され、人々が教会に溢れることだと思います。しかし、神の国が拡大し、福音が社会を改革するという、さらなる戦いがあることを知るとき、目標をさらに高いところに置く必要が出てきます。この世に存在する暗やみが砕かれ、真理の光が輝くためには、まず、私たち教会の中にある暗やみである要塞を取り除くことが大切です。福音は社会を改革する力です。そしてその役割が教会には委ねられているのです。

■主要参考文献

雨宮栄一・森岡巌編『日本基督教団五十年史の諸問題』（新教出版社、一九九二年）
小澤三郎『幕末明治耶蘇教史研究』（日本基督教団出版局、一九七三年）
小野静雄『日本プロテスタント伝道史』（日本基督改革派教会西部中会文書委員会、一九八九年）
小野静雄『増補日本プロテスタント教会史　上下』（聖恵授産所出版部、一九八九年）
金田隆一『昭和日本基督教会史』（新教出版社、一九九六年）
佐治孝典『土着と挫折-近代日本キリスト教史の一断面』（新教出版社、一九九一年）
都田恒太郎『日本キリスト教合同史稿』（教文館、一九六七年）
森岡巌・笠原芳光『キリスト教の戦争責任《日本の戦前・戦中・戦後》』（教文館）
青山学院神学部編『神学講演集「教会と時代」』（教文館、一九三九年）
キリスト教社会問題研究会編『特高資料による戦時下のキリスト教運動1』（新教出版社、一九七二年）
同志社大学人文科学研究所編『戦時下抵抗の研究』（みすず書房、一九六八年）
日本基督教団宣教委員会編『天皇制論議の深化のために①天皇制ファシズムとキリスト教-国家への屈従と協力のしくみについて-』（日本基督教団宣教委員会、一九八八年）
日本バプテスト連盟靖国問題特別委員会編『わかれ道に立ってよく見、Part II』
『神の國新聞（復刻版）第十巻第一号〜三十六号』（緑蔭書房、一九九〇年）

Step5 文献案内

●日本語で読める文献

池田博『祈りは私を変え、教会を変える』(いのちのことば社)
井戸垣彰『日本の教会はどこへ』(いのちのことば社)
中山弘正『戦争・平和・キリスト者』(いのちのことば社)
西川重則『主の「正義」と今日の日本』(いのちのことば社)
エド・シルボソ『神はひとりも滅びることを望まず』(マルコーシュ・パブリケーション)
フランク・デマジオ『勝利から勝利へ』(生ける水の川)
ピーター・ワグナー『祈りの盾』『祈りと教会成長』(マルコーシュ・パブリケーション)

●英語の文献

Joe Aldrich, *Reunitus: Building Bridges to Each Other Through Prayer Summits,* Multnomah Books, 1994.
Neil T. Anderson & Charles Mylander, *Setting Your Church Free,* Regal Books, 1994.
Francis Frangipane, *The House of the Lord,* Creation House, 1991.
Ted Haggard, *Primary Purpose,* Creation House, 1995.
Ted Haggard & Jack W. Hayford, *Loving Your City into the Kingdom,* Regal Books, 1997.
Dick Iverson, *Team Ministries,* City Bible Publishing, 1989.
——, *Building Churches That Last,* City Bible Publishing, 1995.
Jim Montgomery, *DAWN 2000: 7 Million Churches to Go,* William Carey Library, 1989.
Peter Wagner, ed., *The New Apostolic Churches,* Regal Books, 1998.
Peter Wagner, *Churchquake!,* Regal Books, 1999.

リバイバルを求めて②

平岡修治

福音とは?

、前号で私は日本にリバイバルをもたらせる一つの条件として、霊的な戦いの認識と実践が不可欠であることを述べさせていただきました。さらにこの日本という国がいかにサタンの強力な支配下にあるかということをも強調させていただきました。そして、それに勝利をもたらすのには福音しかない、ということを言及させていただきました。

　しかし、私たちが口にする「福音」とはいったい何なのでしょうか。そのことばの由来はどこからきているのでしょうか。「福音」ということばを私たちクリスチャンは日常茶飯事、さまざまな使い方をしています。福音派、福音主義、福音教会、福音的なメッセージ、福音宣教、十字架の福音など枚挙のいとまがないほどです。しかし、案外わかっているようでも、理解できていないの

ひらおか・しゅうじ
1948年栃木県生まれ。和歌山県日本バプテスト教会連合橋本バプテスト教会牧師。全日本リバイバルミッション伝道者。終始ユーモアに満ち溢れた中にも知性の光るバイブル・メッセージは、聞く者の心を打つ。著書に『明日輝くためには』『ハートにジャストミート』(いのちのことば社)『こころのパン』(プレイズ出版) などがある。

も「福音」の特徴かもしれません。福音主義とはどういう立場に立った主義なのか。福音派とはどういうグループをさし、そうでない派との境界線は何なのか。福音的とはどういうことを言うのか。

正直言ってほとんどの人が明確な答を持っていないのではないでしょうか。たとえ、答えることができてもその答に確信は持てないのではないでしょうか。

福音ということばが一人歩きし、ときには福音派ということばが自慢の材料にさえ使われることもあります。差別用語にさえ変身することもあります。「あの人は福音的でない」「あのメッセージは福音が語られていない」などと。今回はこの「福音」について、みなさんといっしょに考え、その中からリバイバルの鍵を探っていきたいと思います。

福音の聖書分布状況

まずは「福音」ということばから考えていきたいと思います。「福音」（ギリシャ語でユーアンゲリオン）という名詞、「福音を宣べ伝える」（ユーアンゲリゾマイ）という動詞の聖書における分布状況を調べてみると、たいへん興味深い結果をそこに発見できます。

「福音」ということばは新約聖書全体で百三十回使われていますが、このことばが福音書にでてくる度合いはパウロ書簡とくらべるとあまりにも少ないことに気づきます。ことに、ルカの福音書、ヨハネの福音書にはまったくでてきません。マタイの福音書、マルコの福音書にはわずか、十二回しかでてきません。しかも、福音とは何かという、内容については一言の説明もありません。「時が満ち、神の国は近くなった。悔い改めて福音を信じなさい」（マルコ一章一五節）ということばに要約されているようにイエス・キリストの宣教活動を表現するにとどまっています。

しかし、パウロ書簡には「福音」ということばが八十一回にもおよぶ数で使われています。さらに、福音の内容についても、具体的な説明、解釈が試みられています。その中心はイエス・キリストにおいて実現された神の救いでした。そして、「福音」ということばは、初代教会の宣教や使徒たちの働きの中で、育ち、成熟し、定着していったのでした。

聖書はなぜギリシャ語で書かれているのか

それでは、この福音ということばはどこから生まれたのでしょうか。このことを考える前に少しだけ聖書についてお話しさせていただきたいと思います。

新約聖書はギリシャ語で書かれていますが、よく考えてみると、これはたいへん不思議なことです。イエス・キリストはユダヤ人として生まれ、弟子たちもユダヤ人でした。しかも、その宣教の対象もユダヤ人たちでした。なのに、新約聖書はギリシャ語で書かれているのです。

もちろん、アラム語で書かれたものがギリシャ語に翻訳されたということも考えられますが、一般的にはギリシャ語で書かれたものとされています。これはたいへん奇妙なことです。なぜ、ギリシャ語で書かれたのかを探っていくと、使徒の働き六章一節に「ギリシャ語を使うユダヤ人」（ヘレニストと呼ばれていた）が急激に増え続けたことが記されています。「そのころ、弟子たちがふえるにつれて、ギリシャ語を使うユダヤ人たちが、ヘブル語を使うユダヤ人に対して苦情を申し立てた」。また、その後で、問題打開のために「御霊と知恵とに満ちた評判の良い人たち七人を選ぶ」ことになりますが、この七人の名前はステパノをはじめ全員がギリシャ語の名前だったことから、彼らもまたヘレニストであったことがわかります。このことから、新約聖書はヘレニストのために、ギリシャ語で書かれたものであったことが推察できると思います。

しかし、旧約聖書はご存じのようにヘブル語で書かれたものでした。ヘブル語を話すユダヤ人（ヘブル人と呼ばれていた）には理解できても、ヘブル語を理解できないヘレニストにとっては信仰上、大きな問題でした。そこで、ヘレニストたちに用いられたのが旧約聖書のギリシャ語版『七十人訳聖書』でした。

『七十人訳聖書』とは、エジプトの王プトレマイオス二世フィラデルフォスがアレキサンドリアの王室図書館を充実させるために「ユダヤの律法」である旧約聖書を収めることを考え、大祭司エレアザルに協力を求めました。エレアザルはイスラエルの十二部族から六名ずつ、合計七十二人を選び、翻訳に当たらせ完成したのが『七十人訳聖書』でした。紀元前二四〇年頃のことであったと言われています。

もう一つの説があります。モーセがシナイ山で十戒を受け取るために山に登ったとき、七十人の長老が同行したことから、律法を全世界に伝達していく使命を負わされた者の象徴として、この名称が使用されたのではないかという考え方です（出エジプト二四章一節）。

この『七十人訳聖書』はヘレニストたちの信仰を成長させたのと同時に、福音宣教の舞台が異邦世界へと移っていくにつれ、重要な働きをになっていくことになります。現に新約聖書における旧約の引用の八〇パーセントが『七十人訳聖書』からだということがわかっています。

「福音」の由来

「福音」ということばはどこから生まれたのか。その源流はどこにあるのか。それをたどっていくと当然のことながら、旧約聖書にたどりつきます。そして、すでに説明させていただいたギリシャ語で書かれた『七十人訳聖書』を見ていくと、「福音を伝える」（ユーアンゲリゾマイ）という動詞が二十回、「福音」（ユーアンゲリオン）という名詞が三回でてきます。そして、その使われ方はさまざまです。たとえば、男の赤ちゃんが生まれたことを「よき音ずれ」（福音）と言ったり（エレミヤ二〇章一五節）、戦争に勝った知らせを「よき音ずれ」と言ったりしました（Iサムエル四章一〇節）。また古代ギリシャでは戦いに勝利したとき、そのことを伝えた使者に与えられた報酬を「ユーアンゲリオン」と言いました。ユーというのは「良い」、アンは「使者」という意味があります。

しかし、私たちが普通、理解している「福音」という意味にもっとも近い形で使われているのがイザヤ書に見られるバビロン捕囚からの「イスラエル解放の知らせ」でした（イザヤ四〇章九節、四一章二七節、五二章七節）。

かつて、ソロモンは事業を興し、隣国フェニキアのツロ王と通称条約を結んで貿易を行い、軍隊を充実させ、税制を定め、イスラエルはかつてなかったほど豊かな国になっていきました。しかし、栄華をきわめたソロモンの失敗は外国から千人もの妃を迎え、彼女たちの影響で異邦の偶像の神を信じることから始まりました。国は南と北に分裂し、弱体化し、同胞でありながら互いに憎しみ合うようになっていきました。紀元前七二一年北王国はアッシリアに滅ぼされ、南王国もまた紀元前五八六年バビロニアに滅ぼされてしまいました。偶像崇拝のもたらした結果は悲惨なものでした。

紀元前五五〇年頃になるとユダヤ人の生活の中心はもはや彼らの国土パレスチナにはありませんでした。ユダヤ国土の破壊は凄惨なものでした。エルサレムは完全に陥落し、隣接していた民族エドム、アンモンがこの地を侵略しました。

バビロニアにおけるユダヤ人の歴史については資料が少ないのですが、バビロニアで編纂されたエゼキエル書によって少しは知ることができます。それによるとユダヤ人は自分たちに与えられた居住地での生活はある程度自由が認められたのですが、彼らの心のよりどころ、まことの神への信仰は完全に否定されました。敬虔なユダヤ人たちはシオンを思い起こして涙を流しました。時がたつにつれ、多くのユダヤ人はエレミヤの忠告を心にとめながら、バビロニアの環境に生活を適応させ、七十年の捕囚の生活を送ったのでした。

一般に、当時の人々は戦争に負けたときには、自分たちの神が、相手の信じている神に敗北したと考え、自分たちの信仰を捨て、相手の神を敬うようになっていきました。しかし、ただ一つ例外の民族、それがユダヤ民族だったのです。彼らは、自分たちの神が負けたとは考えず、自分たちの不信仰がこのような悲惨な結果をもたらしたのだ、と考えました。たとえ、自分たちの体は奴隷になっても、決して信仰だけは譲歩しませんでした。

そういう考え方に立っていたユダヤ人でしたから、とりわけ安息日問題は深刻な問題でした。激しい戦いの中、彼は命がけで安息日を守ろうとしたのでした。そして、彼らのほとんどの人たちはバビロニアでの生活は仮のものだと考えるようになっていきました。

やがて、バビロンに捕らわれの身となっていたこの民に、解放の音ずれが宣べ伝えられたとき、この知らせがどんなに大きな喜びの音ずれであったのかは想像できると思います。バビロニアはペルシャ王クロスに征服され、クロス王はイスラエルの民をユダヤの地に帰還させることにしたのでした。この知らせが「福音」「良き音ずれ」だったのです。

「良い知らせを伝える者の足は、山々の上にあって、なんと美しいことよ。平和を告げ知らせ、幸いな良い知らせを伝え、救いを告げ知らせ、『あなたの神が王となる』とシオンに言う者の足は。聞け、あなたの見張り人たちが、声を張り上げ共に喜び歌っている。彼らは、主がシオンに帰られるのを、まのあたりに見るからだ。エルサレムの廃墟よ。共に大声をあげて喜び歌え。主がその民を慰め、エルサレムを贖われたから。主はすべての国々の目の前に、聖なる御腕を現した。地の果て果てもみな、私たちの神の救いを見る」（イザヤ五二章七～一〇節）

すなわち、イザヤ書で語られている「福音」「良き音ずれ」とは「解放」のことです。「福音」「良き音ずれ」とは「霊的解放」なのだということを聖書は明確に伝えています。

ユダヤの民が捕囚の地バビロンから解放されたように、サタンの手から解放される、それが「福音」なのだと断言しているのです。つまり「サタンの支配」から「神の支配」に移される。そのことを主は「時は満ちた。神の国（神の支配）は近づいた」（マルコ一章一五節参照）という宣言で表現したのでした。

神から離れた人々は、確かにサタンの奴隷になっています。そして、罪の支配下におかれ罪の奴隷になっているのです。そこから解放されていく。霊的な解放そのものが福音なのです。

パウロの福音理解

すでに述べましたが、「福音」「福音を宣べ伝える」ということばの大部分がパウロ書簡に集中しています。そして、この使われ方を検証していくと、イエス・キリストの十字架の死と復活がその中心になっていることがわかります。さらに、パウロ書簡の中心的なテーマは十字架と復活と言っても過言ではないと思います。

福音書を読んでいきますとその記事は十字架と復活のことだけではなく、キリストの愛のみわざ、奇蹟、教えなどがその大部分をしめています。しかし、なぜパウロは、福音の内容を十字架と復活に集中させたのでしょうか。

パウロの福音理解にはバビロンからの解放を背景にした霊的解放についてはほとんど触れられていません。むしろ、意図的に背後に隠されたのではないかと思えるほどです。なぜ、彼はこのことをはっきりと言明しなかったのでしょうか。おそらく、パウロは別な表現で福音と解放のことを伝えようとしているのではないでしょうか。そのキーワードが「贖い」ということばかもしれません。「贖い」ということばを探っていくとき「解放」と密接な関係があるのに気づきます。さらにそのことが「福音」につながっていくのです。

贖いの意味

十字架と復活は私たち人類を贖うためでした。贖われるということにはどんな意味があるのでしょうか。私たちはあまり深く考えもせずに贖いということばを使います。確かに聖書は「あなたがたは、代価をもって買われたのです。人間の奴隷になってはいけません」（Ｉコリント七章二三節）と語っています。

旧約聖書で使われている「贖い」ということばには、三種類のことばが使われています。一つはガーアル、あとの二つはパーダーとカーファルです。詳しい説明は省かせていただきますが、ガーアルとパーダーには本来「解放する」という意味があります。ガーアルは出エジプトのときの解放やバビロン捕囚からの解放のときにも使われています。

「わたしは主である。わたしはあなたがたをエジプトの苦役の下から連れ出し、労役から救い出す。伸ばした腕と大いなるさばきとによってあなたがたを贖う」（出エジプト六章六節）

「あなたが贖われたこの民を、あなたは恵みを持って導き、御力をもって、聖なる御住まいに伴われた」（出エジプト一五章一三節）

「恐れるな。わたしがあなたを贖ったのだ。わたしはあなたの名を呼んだ。あなたはわたしのもの」（イザヤ四三章一節）

すなわち、ここで使われている「贖い」は「良き音ずれ」と同様、解放の意味で使われているのです。

パーダーは身代金を払って敵の手から贖う場合に使われました。しかし、イスラエルの神が敵に身代金を払うわけがありませんので、ガーアル同様、神学的には「解放」を意味していると考えられています。

新約聖書では贖い（アポリュトローシス）は救いと同じ意味で用いられていますが、きわめて旧約聖書の手法と似通った使い方がされています。この「贖い」のギリシャ語の語源リュトロン（身代金）は奴隷を買い戻すときに使われました。聖書ではこのことばを罪の中から「解放される」ことと「神のさばき」から免除される意味で使用しています。

もう、おわかりになったのではないかと思います。「福音」「贖い」は罪からの解放、律法からの解放、サタンの支配からの解放を表現していることばなのです。

「良い知らせを伝える者の足は、山々の上にあって、なんと美しいことよ。平和を告げ知らせ、幸いな良い知らせを伝え、救いを告げ知らせ、『あなたの神が王となる』とシオンに言う者の足は」

（イザヤ五二章七節）

これはバビロンにおける捕囚からの解放を告げることばでしたが、パウロもまたロマ書の終わりにおいて、同じ賛美を叫んでいたのです。全地の民に対する解放の音ずれを彼は福音として宣べ伝えたのでした。

素晴らしい霊的解放をもたらしてくれる福音を恐るべき差別思想や偏見の中に閉じこめたとき、思いもよらないみにくい結果をもたらしたことは歴史も語っています。私はこのことを恐れます。

「福音」についての正しい認識と理解をし、本当の意味で福音に生きる者になりたいと思います。単なる組織や教理上の福音派でなく、すべての人に良き音ずれを伝える真の福音派になっていきたいと思います。

今、私たちの国はバビロン捕囚のとき以上に、多くの人たちがサタンの奴隷になり、偶像崇拝、姦淫、不品行、憎しみ、分裂、ねたみ、怒り、争いなどの罪で覆われています。人々をそこから解放するには福音しかありません。この霊的解放こそが福音であり、リバイバルを生むものなのではないでしょうか。霊的解放の向こうにリバイバルの足音、喜びの声が聞こえてくるような気がします。

今回のポイント・オブ・ビューは二本立てでお送りします。最初は、ワーシップリーダーとして、アメリカをはじめ世界中で活躍されているデイビッド・モリス師の特別寄稿です。

視点
Point of View
ポイント・オブ・ビュー

「賛美と戦い」

1. 特別寄稿エッセイ

「賛美と戦い」

デイビッド・モリス

デイビッド・モリス師はテキサス州ダラスにあるクライスト・フォー・ザ・ネーションズ大学卒。神学と音楽の教育を受けた師は夫人と共に、ワーシップとアートの担当牧師として過去十五年の間、賛美の指導、指導者の養成、教育、演劇のコーディネーターなどの働きを行なってきた。

チームを率いて海外の四大陸で奉仕をし、ワーシップ・セミナーで広く教えをしておられる。そこでは、ワーシップ・チームのための実践的適用と、礼拝者としての私たちの祭司的な務めについての共同体的な理解に重点が置かれている。

作曲家また演奏家としても活動する師は、インテグリティからリリースされたCD『ヒズ・ワード』のワーシップ・リーダーを務め、その後もさまざまなレコーディング企画において、オリジナル・ソングをリリースしている。その中で、「主は栄光」「御霊に歩み」「生ける神」等が、日本語に訳され、歌われている。著書に『礼拝という生き方（A Lifestyle of Worship）』（リーガル・ブックス、本邦未訳）がある。

現在、妻ローリーと四人の子どもたちと共に、ノースカロライナ州フェイエットビルに在住。マナ・チャーチのワーシップ担当牧師として活躍している。

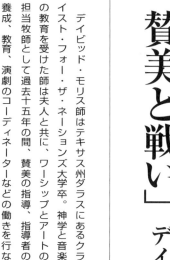

視点
Point of View
ポイント・オブ・ビュー

賛美と戦い

デイビッド・モリス

　ここ十年ほどの間に、霊的戦いに対する関心が高まってきています。この主題についての会議が世界中で開催されるようになり、有能な教師たちによる文書が多く出回るようになり、誰もが簡単にそれらを入手することができるようになりました。

　この霊的戦いという分野では、賛美が非常に重要な役割を担っています。賛美と戦い、霊的な領域の中では対極にあるとも思えるこの二つの相互関係について、多くの人々から質問を受けてきました。この両者の結びつきとは、どのようなものなのか、御言葉を通して学んでいきたいと思います。

　詩篇一四九篇六〜九節には次のように書かれています。

　彼らの口には、神への称賛、
　彼らの手には、もろ刃の剣があるように。
　それは国々に復讐し、国民を懲らすため、
　また、鎖で彼らの王たちを、
　鉄のかせで彼らの貴族たちを縛るため。
　また書きしるされたさばきを
　彼らの間で行なうため。
　それは、すべての聖徒の誉れである。

　この個所の意味はいくらか不明瞭であると思われますが、明らかにわかることは、人間のささげる賛美と神の裁きの間には、あるつながりが存在するということです。神に向かって賛美の歌を歌うことと、戦いの概念は入り混じっています。そのつながりがどのようなものであれ、主は私たちに、賛美が敵の勢力に対する裁きを与えるのに、大いに効果があるという原則を意識するように求めておられると思います。

　歴代誌第二の二〇章にあるヨシャパテの軍隊の話は、聖書の中でも最も興味深いものの一つです。ご承知のように、神はヨシャパテに、賛美する者たちを軍隊の前に配備するようにと語られました。

「この戦いではあなたがたが戦うのではない。しっかり立って動かずにいよ。あなたがたとともにいる主の救いを見よ」

賛美する者たちが聖なる飾り物を着け、「主に感謝せよ。その恵みはとこしえまで」という古くからの歓呼の歌を歌い、主をほめたたえたとき何が起こったでしょうか。主が伏兵を設けて敵に向かわせられたので、彼らは同士討ちをして、お互いに滅ぼし合ってしまいました。なんと力強い光景でしょうか。神はご自身の御名への賛美を、主の民に敵対する勢力を打ち負かすために用いられたのです。

聖書全編を通して見いだされる、「主に感謝せよ」という旧約聖書の命令は、単に「神に賛美をささげよ」ということより、もっと多くのことを意味しています。研究者や神学者の中には、感謝するということは、ヤーウェが神であり、王であられることを認めることだと言う人もいます。偽りの神々や偶像に対する礼拝で満ち満ちた文化の中にあって、主なる神に感謝をささげることによって、主ご自身だけが至高の存在であることを認識するようにと主はご自身の民に命じられたのです。このようにすることによって、イスラエルの民は唯一まことの生ける神としての光栄をヤーウェに帰するという契約を再び結んだのです。

ここで明らかにされた単純な真理は、支配権に関することです。誰が支配者なのでしょうか。誰がどのように反対したとしても、天地を創造されたお方が主であり、神であることは間違いありません。主に感謝をささげるとき、私たちはイエス・キリストだけが主であられるという事実を改めて強調しているのです。

今日でも事情はほとんど変わっていません。暗やみの悪霊どもは、創造主である主が支配権を持っておられることに反対し続けています。しかし、所有権をめぐる戦いは、イエスさまの圧倒的な勝利によってすでに決着がついているのです。詩篇二四篇一節には、「地とそれに満ちているもの、世界とその中に住むものは主のものである」とあります。このことが意味しているのは、すべては主のものだということです。

CD『ヒズ・ワード』

支配権の問題は、長い間見過ごしにされてきましたが、イエスさまが支配者であり、サタンではないことを確信しなければなりません。地上における神の代弁

視点
Point of View
ポイント・オブ・ビュー

者として、私たちにはこの単純な真理を宣言し、神さまを礼拝することを通して、神さまの働きが拡大していくということを人々に伝えていく責任がゆだねられているのです。また、この地上で教会が果たすべき役割は、イエス・キリスト以外にあがむべき御名はなく、神もなく、主もないことをサタンに思い知らせ続けることなのです。

私たちは他の人々と共に賛美をささげるとき、また、主の御名を賛美するときに暗やみの領域の支配者たちに挑戦します。地上に義を打ち立てようと求めていくとき、中間地帯というものはありません。

イエスさまを賛美するとき、私たちは文字通りこのように言ったり歌ったりします。「あなただけが神であって、ほかにはいません。天と地にあるものすべてはあなただけに属するものです。唯一まことの生ける神と比べることのできる力はありません。あなたはすべての栄光と誉れと賛美を受けるにふさわしいお方です。なぜならあなたはご自身の血潮を流して、私たちを神さまのために贖ってくださったからです…」

ヨハネの黙示録一九章の聖句は、賛美の霊的な側面を知る上で、とても大切なものです。これを次のように言い換えてみましたが、これについて考えてみてください。

「天の大群衆が歌を歌い、小羊を礼拝した時、聖なる方はご自身の敵に対する判決を言い渡されました。主が御言葉をもって敵に宣言し、その御言葉が砲弾のように命中して、敵を打ち砕くと、賛美の歌声は最高潮に達し、雷鳴のようなとどろきが天の神殿の壁を震わせました。光り輝く御使いに運ばれた神のことばがふたたび敵の悪霊どもに浴びせかけられたとき、天の軍勢は主の公正な裁きを喜び、大きな歓声を上げました」

私たちは天における賛美のモデルに学ぶ必要があります。ここでは、天の軍勢が賛美をささげたとき、主はその公正な裁きを天からくだされました。このことは、多くの人々と一緒にささげる賛美に、大いなる力が注がれるという新しい側面を教えるものです。イエスさまが来られたのは、地上に天の御国を来たらせるためでした。私たちがすべての時代の聖徒たちと声を合わせて神の支配を宣言するとき、天の御国はこの地上に訪れ、その歌声は時間を超越した神の御前で一つとなって、過去・現在・未来の歴史が織りなす宇宙規模の合唱となるのです。

初代教会が上げた歓呼の声は、「マラナ・タ」というものでした。現在通用しているこの語の訳は、「主はすぐに来られる」ですが、より字義通りに訳すと、「主はすみやかに、ご自身の敵を裁くために来られる」という意味になります。紀元一世紀頃、教会が詩と賛美と霊の歌をもって神をほめたたえるために集まったとき、彼らはこのことばをもってイエスさまの支配権を宣言していました。それは、彼らにとって支配権と所有権がそのときの重要な問題であることを理解していたからです。

当時の慣習として、人々は多くの神々を拝んでいたので、どの宗教を選んでも、またクリスチャンになることももちろん違法ではありませんでした。それは単にイエスさまの名を神々のリストに加えることにすぎませんでした。しかし、初期のクリスチャンたちが、神は唯一であって、神さまのもとに行くためには、イエスさまを信じる以外の道はない、と宣言したとき、大きな問題が起こりました。ここでも、主の支配権と所有権が挑戦を受けたのです。

今日でも同じことが言えます。なぜ敵は神への賛美をやめさせようとするのでしょうか。それは、自分たちが戦いに敗れたことを、またもや思い起こさせられるからなのです。神との契約に立つ一群の人々が恥じることなく、「イエス・キリストは主です」と宣言することほど、暗やみの勢力にとって脅威となるものはありません。神の民が、「主に感謝せよ。その恵みはとこしえまで」と歌い、声を上げるとき、賛美を通して行われる霊的戦いは、暗やみの力が最終的に打ち負かされたことをいつまでも記憶するための記念碑となるのです。

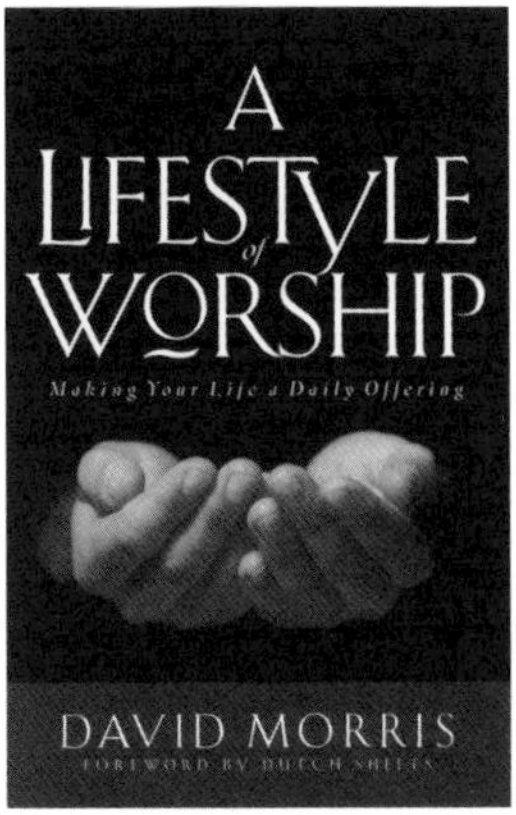

著書『礼拝という生き方』

視点
Point of View
ポイント・オブ・ビュー

2. インタビュー

「セル教会と霊的戦い」

ヴィクトル・ロレンソ

二つ目のレポートは、ヴィクトル・ロレンソ師のインタビューである。

ヴィクトル・ロレンソ師はアルゼンチンにおける霊的地図作りの第一人者として知られ、ピーター・ワグナー編『都市の要塞を砕け！』（マルコーシュ・パブリケーション）でも一章を執筆している。日本にも一九九五年に来られ、各地で奉仕をされた。

しかし、それと同時に師がアルゼンチンにおけるセル教会システムの働きにも積極的に携わっておられることは、あまり知られていない。この二つの要素の関係、さらにアルゼンチン教会の現状などについて、話をうかがった。

■セル教会と霊的戦い

まず始めに、現在の活動について教えてください。

ヴィクトル・ロレンソ師（以下ＶＬ）　現在私はオマール・カブレラ師の牧会する「未来のビジョン教会」で、国全体を統括するセル・システムのコーディネーターとして奉仕しています。私が現在行なっているのは、教会がセルを通して効果的に機能するための新しい戦略を展開していくことです。そして、とりなしの祈りや霊的戦い、そして霊的地図を伝道と結びつけることによって、どのようにしたら地域社会を本当の意味で変革していくことができるのか、という問題に取り組んでいます。そしてそのことは、ただ指導者たちだけではなくて、教会全体を動員することによってなされていくと信じています。

霊的戦いの概念は、先生の教会では昔からあったのですか。

VL　そのような考え自体は、二十年前、あるいはさらにさかのぼって三十年前からあったと言うことができると思います。教会が刷新され、リバイバルを経験していく中で、そのようなプロセスが生まれ、それまで私たちが持っていた概念が一新されてきたのです。そのようにして現されてきた新しい概念が、霊的戦いやとりなしの祈り、そして霊的地図といったものだったのです。その目的は、魂を救い出して、暗やみから神の国へと導き入れることです。そのような伝道を主眼においた目的意識を持っていくときに、私たちの本当の敵がサタンであり、その配下の悪霊ども、特に「主権」や「力」と呼ばれる霊的存在であるということがわかってきました。そして、より効果的に伝道するために、とりなしやその他の事柄について、さらに深く学ぶようになってきたのです。

そうしますと、霊的戦いというものを続けながら、それと同時にセル教会の働きを行なっているということですね。

VL　その通りです。私たちは、これらの両者を、教会の活動の中で結合しているのです。私が行なっているのは国際的な教育のミニストリーを発展させたり、霊的戦いや霊的地図作りによって、他の地域共同体を援助していく仕事です。そのために教会内でも多くのことを責任をもって行なっていますし、同時に国内のいろいろな所を巡回することもしています。またそのほかに、外国で行われるさまざまな会議や集会などにも出かけて行きます。

セル教会の活動と霊的戦いをどのように結びつけ

視点
Point of View
ポイント・オブ・ビュー

ているかということについて、もう少し詳しく教えていただけますか。

VL　現在のような活動形態に至るまでは、とりなしの祈りや、霊的戦い、また伝道などのミニストリーはみな、それぞれのミニストリーに召された特別な人々がするものだと思っていたのです。たとえば伝道という活動を考えたときに、それは特別な、伝道者としての働きをする人たちだけのもの、というようにです。

しかし、神さまが教会に対して持っておられる目的というものに対して目が開かれていったとき、私たちはとりなしの祈りや霊的戦い、そして伝道などの働きは、すべてのクリスチャンが行うべき働きだということを知るようになったのです。と言うのは、私たちがキリストの証人になるということは、私たちが毎日の生活の中で語ることや行うことなど、生活のすべてを通して、神の国を周りの人々に対して示していく、ということだからです。

現在私たちが行なっていることは、すべての信徒に対して、とりなしの祈りと霊的戦いと伝道の原則と基礎を教え、それによって、世の中に福音を届けるという教会の目的のために彼らを動員することなのです。そして彼らを弟子化して、単にそれぞれの町だけでなく、国全体に宣教活動を展開していくことなのです。

そのような中で、いつも教会のメンバーと接触を保ち、神さまから期待されている活動を行なっていけるように励ましを与えていく最も良い方法が、セル教会のシステムだということに気づいたのです。

このシステムでは、あるメンバーが霊的に弱さを覚えたときに、敵がその人をだめにしてしまう前にすぐに対応して、助けを与えることができます。また、このシステムは、教会に一つのライフスタイルを生み出します。つまり、日曜日だけのクリスチャンになるのではなく、集会のときだけのクリスチャンでもなく、クリスチャンであるということが一つのライフスタイルとなることによって、私たちの周囲にいる救われていない人々に対して、いつも伝道の意識を持つことができるようになるのです。それは、教会内の一部のグループの人々がそうなるだけでなく、教会全体がそうなっていかなければなりません。

そしてまた、その中ではいつも他の人から祈りによって守られ、支えられ、励まされ、力づけられることができます。このようなコミュニケーションを神さまの御言葉によって強化していくならば、教会内のすべてのメンバーを助けて、彼らがコンスタントに聖霊と福音の真理と原則にあって前進し続ける力を与えていくことができます。

それと同時に彼らは一つの水路となっていきます。すなわち、祝福を受け取るだけでなく、それを与える者となり、収穫する者となっていくのです。それは、まさしく受けるよりも与える方が幸いである、という御言葉通りです。これは新しい生き方を生み出します。それは教会や集会の中だけで起こることではなく、私たちクリスチャンが仕事をしていても、買い物をしていても、あるいは家にいるときでも、いつでもキリストを証しし、神の国を拡大し、神の力によって解き放たれる祝福をもって人々に触れることができるのです。

■カトリック教会との関係

アルゼンチンでは、カトリックの影響が大きいと思いますが、福音宣教においてそれは何らかの障害となっているのでしょうか。

VL　もちろん、アルゼンチンだけでなく、ラテンアメリカ全体がカトリックの宗教的背景を持っています。過去の歴史の中で、スペイン人やポルトガル人がこの地を征服したときに、カトリック教会もそのプロセスに深く関わっていました。その中の一つの問題は、カトリックがシンクレティズム（混合宗教）を持ち込んだことです。すなわち、何世紀もの間に、入植者たちと、先住民のインディオの人々の宗教が入り混じってしまったということです。それによっていろいろな混乱が起きました。

現在、私たちが直面している問題は、偶像礼拝の問題です。人々は、まことの神、すなわちイエスさま以外の神々に祈願するようになり、偶像を拝むことによって神を求めていると思い込んでいるのですが、実は敵の大きな欺きの中に入れられてしまっているのです。

ここアルゼンチンだけでなく、ラテンアメリカ全体について言えることですが、私たちの伝道の働きは、人間的な知識によってではなく、力の現れを通して行われているということです。それはいやしや悪霊の追い出し、その他の驚くべき御業のことです。それは自然界の領域に現れる神の御業で、神がそのことをなさったということが、疑う余地なくわかるようなものです。この御業によって、私たちは、否定的な死んだような宗教を信じている人々に、キリスト教には命があること、そしてまたイエスさまは人間が持つあらゆる種類、あらゆる領域にわたる問題にすぐさま答えを与えてくださる神さまであるということを示すことができるのです。このようなことによって、多くの人々が福音的な教会に心を向け始め、欺きにとらわれていた人々が神の国に導かれてきています。

その一方で、私たちはカトリックの支配に対してさらに深いとりなしの祈りへと導かれています。イスラエルの民が偶像礼拝に陥ったとき、神さまは何度も彼らを救い出し、赦しを与え、そして回復を与えられました。私たちはカトリック教会の中にもイエスさまはおられると思いますし、真摯な心で神を求め、仕え、賛美しているカトリックの人々もおられますが、彼らはただ欺かれているのです。

そこで私たちは、私たちの教会だけでなく、カトリック教会の中にも、刷新と改革と変化が起こされるように、神さまにとりなしています。もしそのことが起これば、私たちの国の救いはさらに急速に進むでしょう。そのような改革、すなわち、神さまがきよめのためにカトリック教会に介入されるという出来事が起これば、それは私たちの国に計り知れないインパクトを与えるものとなることでしょう。ですから今私たちは、ローマからの悪影響がすべて遮断されて、キリストを中心とし、あらゆる偶像を捨て去って、ただイエスさまだけに救いがあると認めるような、新しいカトリック教会がラテンアメリカに誕生するようにと祈っているのです。

そのようなカトリック教会内での刷新運動というのは、アルゼンチンでは起こっているのでしょうか。

VL　それについては、いくつかの肯定的な兆候を見ることができます。私たちはアルゼンチンにある多くの司教管区にある、何人かの司教とつながりを持っていますし、修道女の方々ともコンタクトがあります。名前は出せませんが、何人かの司教の方々からは、人々がイエスさまを見いだし、イエスさまだけが救いであることを理解することができるように祈って欲しいと依頼されました。カトリックの中で大きな変化が起こっているとは言えませんが、手ほどの雲を見ているという状況です。

私たちは、神さまが聖霊の働きによってカトリック教会を祝福してくださるように、そしてまた彼らの罪を赦し、きよめ、刷新し、聖別してくださるようにとさらにとりなしを続け、また霊的戦いも行なっていきたいと思っています。実際、カトリックの一部では、本当に聖霊に満たされて力強く働いているグループも増えてきていますし、そのうちのいくつかのグループでは、信仰のあり方や礼拝の方法、また聖霊の力の現れなどの共通点があるために、他のカトリックのグループよりも福音主義的なプロテスタント教会との間につながりを感じているところもあるのです。

そのような流れとは逆に、カトリック教会の中では、たとえばマリヤをイエスさまと同列の救い主として公式に認めようとするなどの運動が起こっているとも聞きますが。

VL　イエスさまだけでなく、マリヤも救い主として認めようという運動の大部分はアメリカ合衆国からきたものです。私たちが交流を持っているカトリック教会筋からの情報では、ラテンアメリカの司祭たちの大多数は、そのような動きには否定的です。と言うのは、そのようなことがもしなされると、福音的な教会との交流に障害をきたす恐れがあるからです。そのようなわけで、彼らは非常にこの動きを懸念しています。ですからそのために私たちもそのようなことが起こらないようにと祈っていますし、戦っています。

しかし、その一方で、もしローマ法王がそのような決定をくだすようなことになると、カトリック教会の中に大きな分裂が起こることになるでしょう。神さまの側から見るならば、そのような分裂よって、カトリック教会内での変化と改革が加速することになり、プロテスタント教会にも助けとなると言うことができるかもしれません。

■アルゼンチン・リバイバルの展望

未来のビジョン教会の規模は現在どのくらいでしょうか。

視点
Point of View
ポイント・オブ・ビュー

VL　現時点では五万人の信徒がいます。私たちの教会では長年セル教会のシステムを取り入れてきましたが、それは教会内のプログラムの一環といった程度の位置づけでした。しかし今では、すべての教会員がセルに属するようにしています。現在セルの数は約五千あります。このようにして私たちは教会の構造自体を変えようとしています。そしてそれぞれのセルが増殖していくのです。

最初私たちは青年層を対象にこのセルの試みを行なってきました。オマール・カブレラ師の息子であるクラウディオ・カブレラ師が青年担当の牧師でしたが、ある地域ではセルを用いたことによって、青年の数が一年間で七十八人から八百人以上になりました。驚異的な成長率です。そこで私たちはセルの方法を教会全体で取り入れることにしたのです。それは、新しく救われる人々が何人起こされた、といったことだけに目を留めるのではなく、教会全体の働きを通して救われた人たちが増え広がっていくようにしたいと願ったからです。

つまり、地域社会において大きな成果をあげているということですね。

VL　その通りです。成果はあがってきていますが、私たちは現状に満足してはいません。七、八年前には、今ほどの収穫はありませんでしたが、ここ三、四年の間に準備の段階に入ったと感じてます。つまり、神さまが次のステップを踏み出すために、私たちを整えてくださっている、ということです。

アルゼンチンに、今まで見たこともないような大収穫の時が近づいていることを覚えて、牧師だけでなく教会全体、それもアルゼンチン全体の教会が、準備をしなければならない時がきています。一九八〇年代に起こったリバイバルも素晴らしいですが、それとは比較にならないほどすごいことが、これからの六、七年くらいの間に起こるでしょう。そしておそらくこの間に、アルゼンチンはかなり福音化されるのではないかと思います。一〇〇パーセントの人がクリスチャンになるのは難しいかもしれませんが、五〇パーセント以上の人々が救われる幻を持っています。

■日本のリバイバルのために

最後に日本のクリスチャンへのメッセージがあればお願いします。

VL　日本のみなさんに愛を込めてご挨拶を送ります。私が今までしてきた旅行の中でも、四年前に日本を訪れた経験はとても素晴らしい、驚くべき経験でした。日本の教会が喜びをもって立ち上がり、日本を象徴する太陽のしるし（日の丸）を、まことの光であるイエス・キリストにおきかえる日が来ることを願っています。その日が来ることを私たちは知っていますし、預言的な意味も込めて、世界中の国の人々に、必ず日本にリバイバルが起こると宣言しています。

前回日本を訪れたときにも、その兆候を見ることができました。ですから、みなさんを励ましたいと思います。忍耐をもって、熱烈に神を求め続け、主の力が表されることを願い求めてください。それは日本にとって決定的に重要なことだと思います。

前回日本を訪れて最も強く感じたのは、日本の人々は神の愛を必要としているということです。また神さまに触れていただく必要があると感じました。教会は文化的な革命を起こさなければなりません。人々に愛を示すために、もっと目に見える形でコンタクトをとっていく必要があります。教会を通して愛が表されているのを見るなら、何千人もの人々が教会に来るようになるでしょう。教会で人々が互いに愛し合っている姿を見るとき、みなそのような愛を求めて来るようになるでしょう。日本がリバイバルと聖霊の現れによって揺り動かされることを心から期待しています。神さまの祝福がありますように。

カイロス・ネクスト・ステップ・シリーズ　STEP5
キリストのからだを理解する
～地域教会と宣教団体～

定価●本体800円+税
編集者●山崎ランサム和彦
発行者●岡本信弘
1999年12月20日発行
発行所／プレイズ出版
〒441-1307　愛知県新城市富沢407-1
TEL　05362-3-6195